Ingrid Gabriel

Die farbige
Kräuterfibel
Heil- und Gewürzpflanzen

Mit 93 einfarbigen und 49 mehrfarbigen
Pflanzendarstellungen

ISBN 3 8068 0245 9

Alle einfarbigen Abbildungen sowie die farbigen Darstellungen auf den Seiten 95, 119, 140 von der Autorin; die übrigen Farbbilder sind dem im gleichen Verlag erschienenen Buch »Die Heilkräuterfibel« von Ernst Gardemin und Hans Weitkamp entnommen.
Druck und Einband: H. G. Gachet & Co., 6070 Langen bei Frankfurt/Main

181 716 151 413 121 1

Inhalt

Vorwort

Hatten die Menschen aller Schichten im Altertum und bis zum Beginn der Neuzeit ein umfassendes Wissen von der Wirkung der Pflanzen auf den Menschen, ohne deren Inhaltsstoffe erforscht zu haben, so geht der moderne Mensch, abgesehen von den ausgebildeten Fachkräften, ahnungslos, welche wertvollen Schätze ihn da umgeben, am Sonntag durch den Wald. Ja, er kennt meist nicht einmal die Namen der vielen Kräuter, die da wachsen. In den letzten Jahren scheint allerdings nicht nur das Interesse der Wissenschaftler an den Heilkräften der Pflanzen zuzunehmen, sondern auch weite Kreise der Bevölkerung beginnen wohl zu ahnen, welche unschätzbaren Dienste ihnen die Natur anbietet, wüßten sie nur, diese einfachen Mittel anzuwenden.

Dieses handliche Taschenbuch, dem Frau Dr. Gisela Weber, Kochel am See, dankenswerterweise ihren wissenschaftlichen Rat geliehen hat, gibt in übersichtlicher Form Gelegenheit, erste Kenntnisse über unsere gebräuchlichsten einheimischen und auch einige ausländische Heilpflanzen, die bei uns heute vielfach in Gärten und Parkanlagen anzutreffen sind, zu erwerben und schon vorhandenes Wissen zu vertiefen.

Die meisten der neunundvierzig wiedergegebenen farbigen Aquarelle stammen aus einem Buch, das schon vor dem zweiten Weltkrieg im selben Verlag erschienen ist. Einige wichtige Kräuter habe ich als Aquarelle hinzugemalt. Die übrigen Abbildungen sind Federzeichnungen. Die Pflanzen sind nach den gebräuchlichsten deutschen Namen alphabetisch geordnet. Zu jeder Beschreibung gehört eine unmittelbar danebenstehende farbige oder schwarzweiße Wiedergabe der jeweiligen Pflanze. Suchen Sie ein bestimmtes Heilkraut, so brauchen Sie nur den deutschen oder lateinischen Namen im Namen- und Sachverzeichnis nachzusehen. Dort sind auch die Krankheitsnamen angegeben, so daß es ganz einfach ist, die entsprechenden Anwendungen im Text zu finden.

Und nun viel Freude, wenn Sie mit diesem Wegweiser durch unsere Pflanzenwelt Wald und Wiesen durchwandern. Bald werden Sie merken, daß es nicht nur Freude bereitet, alle diese farbenprächtigen Blüten oder auch unscheinbaren Pflänzchen beim Namen nennen zu können, sondern auch zu wissen, auf welche Weise sie uns dienstbar sind und daß diese Wirkung der Pflanzen davon zeugt, wie sehr Mensch und Natur aufeinander angewiesen sind.

Einführung

Ehe wir uns den Heilpflanzen zuwenden, müssen wir uns fragen, was denn die Pflanze im allgemeinen für eine Bedeutung hat. Wir alle wissen, daß jede von ihnen aus einer Wurzel, einer Stengel-Blatt-Region und der Blüte besteht, aber was besagt das über ihr Wesen? In jedem Lexikon steht, die Pflanze sei ein Lebewesen. Sie unterscheidet sich dadurch vom Mineralreich und wird den Tieren und Menschen zugerechnet. Was ist nun aber ein Lebewesen? Auch darüber gibt uns das Lexikon Auskunft: Ein Lebewesen muß Stoffe aus seiner Umwelt aufnehmen können und diese in Energie, Wärme und körpereigene Substanzen umwandeln, es muß wachsen, muß sich fortpflanzen können und auf äußere und innere Reize reagieren. Sind wir in der Lage, diese vier Merkmale auch für die Pflanze zu bejahen? Die ersten drei Punkte ganz bestimmt, denn wir haben sie alle schon beobachtet. Wie steht es aber mit der Reaktionsfähigkeit der Pflanze auf innere und äußere Reize? Wir alle haben gelernt, daß die Tiere und der Mensch äußere Eindrücke mit den Sinnesorganen erfassen. Diese Eindrücke werden über das Nervensystem zum Gehirn weitergeleitet, welches wieder über das Nervensystem »anordnet«, wie auf diese äußeren Reize zu reagieren sei. Wenn diese Darstellung auch nur eine grobe Vereinfachung ist, so ergibt sich aus ihr doch, daß Tier und Mensch auf Reize reagieren, weil ein Sinnes-Nervensystem vorhanden ist. Wie verhält es sich damit bei den Pflanzen? Die moderne Wissenschaft hat festgestellt, daß Pflanzen wohl auf innere und äußere Reize reagieren, aber kein Sinnes-Nervensystem besitzen. Man hat bisher auch kein vergleichbares System bei den Pflanzen gefunden. Ist es vielleicht so, daß ein mit unseren naturwissenschaftlichen Methoden nicht erfaßbares Etwas sich bei Tier und Mensch nur des Sinnes-Nervensystems bedient, um Reaktionen auf Reize hervorzurufen und solch eines Systems im Pflanzenreich gar nicht bedarf? Diese Frage müssen wir offenlassen. Fest steht jedoch, daß die Pflanze allen vier Anforderungen genügt, welche die Naturwissenschaft aufgestellt hat, um sie als Lebewesen anzuerkennen.

Auf zwei Gebieten entdecken wir bei der Pflanze und beim Menschen Gemeinsames. Als erstes besteht die Pflanze aus denselben Grundsubstanzen des Mineralreiches wie die höheren Wesen, Tier und Mensch. Außerdem haben wir gesehen, daß sie ein Lebewesen ist und damit Lebenskräfte besitzt, die sich der Erforschung mit den Mitteln der modernen

Naturwissenschaft noch entziehen. Diese beiden von ihr mitgemachten Entwicklungsstufen befähigen die Pflanze, dem Menschen als Nahrung zu dienen.

Wir können heute mit Gewißheit sagen, daß unsere Ahnen während vieler Jahrmillionen von roher Pflanzennahrung gelebt haben. Der menschliche Organismus weist auch jetzt noch die Merkmale auf, die ihn befähigten, diese Nahrung zu verdauen. Unsere Backenzähne sind Mahlzähne, mit denen Körner und Wurzeln zermahlen werden können. Unsere Vorderzähne sind Meißelzähne, mit denen wir zum Beispiel ein Stück von einem Apfel abmeißeln. Und unsere Zähne haben keine solchen Zwischenräume, wie sie ein Raubtiergebiß aufweist. Diese Zwischenräume müssen beim Fleischfresser da sein, um zu verhindern, daß Fleischreste zwischen den Zähnen hängenbleiben, die eine Brutstätte für Krankheitserreger werden könnten. Außerdem hat das Raubtiergebiß spitze Zähne, damit das Fleisch zerrissen werden kann. Auch können Raubtiere ihre Kiefer nicht seitwärts bewegen, weil sie ihre Nahrung nicht zu zermahlen brauchen, sondern nur zerreißen und hinunterschlingen. Ein anderes wichtiges Merkmal ist die Länge des Darms. Der Mensch hat einen etwa doppelt so langen Darmkanal wie ein Raubtier gleicher Größe. Beim Raubtier soll das leicht verdauliche animalische Eiweiß, beziehungsweise dessen rasch in Fäulnis übergehender Rückstand so schnell wie möglich aus dem Darm ausgeschieden werden.

Durch die Länge seines Darmkanales ist der Mensch befähigt, Pflanzen durch Gärungsbakterien zu zersetzen und für den Organismus zu erschließen. Tierisches Eiweiß, wie wir es mit Fleisch, Fisch und Eiern zu uns nehmen, bringt Fäulnisbakterien in den Darm, beziehungsweise bei gekochtem Tiereiweiß deren Sporen. Einerseits durch diese falsche Darmflora, andererseits durch die Länge des Darmes wird Fäulnis im menschlichen Darm begünstigt. Die entstandenen Gifte treten durch die Darmwandungen ins Blut über, der Körper wird von diesen Giften überschwemmt, und wenn ein gewisses Maß erreicht ist, werden wir krank. Die Ursachen vieler Krankheiten liegen im Darm. Zu der falschen Ernährung kommen schlechte Eßgewohnheiten, wie Hast, Unregelmäßigkeit, Überernährung, mangelhaftes Kauen und Einspeicheln und die Unruhe des heutigen Lebens. Das alles wirkt sich schädigend auf den Darm aus. Es kommt zu Magen-, Darm-, Leber-, Gallen- und Nierenleiden. Fallen diese großen Ausscheidungsorgane unseres Körpers aber erst einmal teilweise aus, so setzen sich die fortwährend im Organismus anfallenden Schlacken irgendwo ab. Hautausschläge, Erkältungskrankheiten und Verschleimungen der Luftwege sind nichts anderes, als der Versuch des Körpers, diese Schlackenstoffe loszuwerden. Sind auch diese Möglichkeiten nicht mehr ausreichend, so kommt es zu immer schlimmeren Krankheiten.

Wenn wir es nun so herrlich weit gebracht haben in unserem Leben und erst einmal krank sind, dann hilft uns gerade die Pflanze, die wir doch bis dahin so schmählich verachtet haben, die uns nur noch als Beisatz zu unseren üppigen Fleischgerichten gut genug war und als Verzierung in Form von Petersilie.

In gewissem Sinne ist nämlich jede eßbare Pflanze eine Heilpflanze, schon deshalb, weil jede für eine Normalisierung der Darmflora sorgt. Alle unsere Gemüse üben außerdem eine günstige Wirkung auf unseren Organismus aus. So wirkt zum Beispiel unser Kopfsalat beruhigend, schlaffördernd, krampflösend, entzündungshemmend, blutreinigend und blutbildend. Selbst große Blutarmut ist durch eine tägliche Rohkostplatte, bestehend aus grünem Salat, Kräutern, Wurzelgemüse und rohem Sauerkraut (von Demeter und Eden), in kurzer Zeit zu heilen. Allerdings muß gleichzeitig Zucker, alle mit diesem verarbeitete Nahrungsmittel und weißes Mehl gemieden werden.

In einer Reihe von Pflanzen ist die Heilwirkung besonders gesteigert. Diese bezeichnen wir als die eigentlichen Heilpflanzen. Lange Zeit standen die Heilpflanzen in keinem besonders guten Ruf, denn die Medizin hatte chemische Präparate gefunden, die viel schneller wirkten, und das erschien als sehr vorteilhaft. Inzwischen hat sich aber auch die moderne Wissenschaft wieder den Pflanzen und ihren Heilwirkungen zugewandt, weil man erkannte, daß jahrtausendealte Erfahrungen uns vor unerwünschten Nebenwirkungen schützen.

Die moderne Pharmakologie hat aber nicht nur die alten Erfahrungen bestätigt gefunden, sondern sogar neue Wirkungsweisen bei einzelnen Heilpflanzen, wie beispielsweise bei der Kamille, entdecken können. Trotzdem sind wahrscheinlich die Methoden noch nicht verfeinert genug, um alle Stoffe zu finden. Wenn darum manch eine Heilwirkung von der Analyse her nicht bestätigt werden kann, so sollten wir uns doch davor hüten, sie ganz auszuschließen.

Die Inhaltsstoffe dürfen wir niemals nach der Menge bewerten. Manch eine Substanz, die nur in geringen Spuren vorhanden ist, dient gerade dazu, den anderen nur durch ihre Anwesenheit zur Wirkung zu verhelfen. Auch ist es wie in der Homöopathie, daß nicht immer die hohe Dosis das beste Ergebnis erzielt.

Wollen wir die Wirkung einer Kräuterteekur erhöhen, so führen wir dem Körper die ihm gemäßen Nahrungsmittel zu. Diese finden wir in rohem oder gedünstetem Gemüse, Küchenkräutern, Obst, Vollkornprodukten, Pflanzenfetten mit einem hohen Gehalt an ungesättigten Fettsäuren und Milchprodukten.

Das Sammeln von Kräutern

Für den frischen Gebrauch

Die wenigsten Menschen wissen, daß Kräuter nicht nur getrocknet verwendet werden können, sondern daß die größte Wirkung auf das Wohlbefinden des Menschen gerade frisch gepflückte und als Speise zubereitete Kräuter haben.

Wenn die Weiden aus dem braunen Gehölz leuchten wie ein Abglanz der Sonne, die Haselnußkätzchen aufgehen, gelb und dick an den Zweigen hängen, ihre purpurnen Stempel sich ans Licht recken, an den Wegrändern aber noch braune und graue Zeugen des letzten Sommers verdorrt in die Luft ragen, kündet auch die Erde an, daß sich längst Leben in ihr regt.

Der Kundige schiebt das vertrocknete Gras beiseite oder läßt sich von den braungelben Stengeln vorjähriger Pflanzen leiten, und siehe, da wächst hellgrün und frisch bereits die neue Generation heran. Vereinzelt findet man schon Löwenzahnblättchen, gefiederte Schafgarbenblätter, oft noch zusammengefaltete Walderdbeerblätter, junge Brennesseln und die lanzettförmigen Spitzwegerichblättchen.

Gerade im Frühling ist dieses erste Grün für uns von großer Bedeutung. Jeden Tag diese feingehackten jungen Kräuter unter Quark gemengt, auf Butterbrot gestreut oder auf Kartoffelbrei, unterstützen sie die Frühjahrsentschlackung, regen Leber und Galle an und helfen, die Frühjahrsmüdigkeit zu überwinden. Und nicht zuletzt geben sie den Speisen einen ausgezeichneten Geschmack.

Je weiter der Frühling fortschreitet, desto reichhaltiger wird unser Kräuter-Speisezettel. Da gibt es Taubnesseln, die aromatischen, ölhaltigen Blättchen des Johanniskrautes, die zur Entsäuerung des Körpers so wichtigen Birkenblätter, junge Brombeer- und Himbeerblätter, Gundelrebe und weiß und gelb blühendes Labkraut.

Diese aufgezählten Heilpflanzen bietet die Natur in Hülle und Fülle, als wollte sie uns immer wieder auf sie aufmerksam machen, denn diese vermögen gerade das zu bewirken, was uns modernen Menschen so dringend not tut: sie fördern vor allem die Ausscheidung.

Zum Herbst zu werden die Blätter der Kräuter immer zäher. Es ist dann ratsam, nur junge Triebe zu sammeln, von denen es jedoch genügend gibt.

Am wirkungsvollsten sind solche Heilpflanzen, die noch auf unbehandeltem Waldboden wachsen und nicht auf chemisch gedüngten Böden. Auch mit chemischen Insekten-Vertilgungsmitteln sollten die Pflanzen nicht in Berührung gekommen sein. Es ist daher angebracht, sich die Gegend, in der man Kräuter sammelt, genauer anzusehen, weder unmittelbar an Feldrändern, noch auf Feldern, Weiden oder Äckern zu pflücken. Wer einen eigenen Garten hat und diesen nicht mit chemischen Mitteln behandelt, hat es besonders gut. Er kann sein »Unkraut« ruhig stehen lassen und für seinen täglichen Bedarf so viel davon nehmen, wie er braucht, ist dieses so mißachtete »Unkraut« doch mit das wertvollste, was im ganzen Garten wächst.

Natürlich kann man auch all die anderen Kräuter frisch essen, aber sie sind nicht überall zu finden oder nur zu besonderen Jahreszeiten, wie zum Beispiel der so wohlriechende Waldmeister und der Feldthymian. Andere Pflanzen dagegen sind recht scharf und daher nicht jedermanns Geschmack, wie Brunnenkresse und Schöllkraut.

Vor dem Zubereiten sind die Kräuter in jedem Fall gründlich zu waschen, am besten unter fließendem Wasser oder unter Verwendung von Biosmon (erhältlich in jedem Reformhaus).

Wenig bekannt ist auch, daß frische Kräuter wertvoller für die Zubereitung von Tees sind als getrocknete. Da kommen nicht nur die oben genannten Heilpflanzen in Betracht, sondern auch die wohlschmeckenden Blüten des im frühsten Frühjahr blühenden Huflattichs, der Kamille, des Holunders und der Linde.

Zum Trocknen

Weniger in Frage kommt das Sammeln von Kräutern zum Trocknen für den Laien. Selbstverständlich kann man sich einen kleinen Vorrat für den Winter schaffen. In größeren Mengen Kräuter zu trocknen und aufzubewahren erfordert jedoch große Spezialkenntnisse, die so weit gehen, daß die Mondphasen beachtet werden müssen, soll eine Pflanze ihre volle Wirkung behalten.

Für den Hausgebrauch können wir uns merken, daß nur bei trockenem Wetter gesammelte Pflanzen, also weder regennasse noch betaute, für eine längere Lagerung geeignet sind. Die Kräfte der Pflanzen lassen mit fortschreitender Tageszeit nach. Es sollen nur junge Blätter gesammelt werden und von den Blüten nur solche, die eben aufgegangen sind. Während man zum sofortigen Gebrauch jederzeit Pflanzen sammeln kann, ist es ratsam, sich beim Sammeln von Heilkräutern für eine längere Aufbewahrung an die Vorschriften des Sammelkalenders zu halten. (Siehe Seite 182). In der vorgeschriebenen Zeit befinden sich die Pflanzen auf der Höhe ihrer Wirkstoffkraft.

Das für die Aufbewahrung unbedingt notwendige Trocknen der Kräuter geschieht am besten an einem luftigen, schattigen Platz. Bei länger anhaltendem feuchtem Wetter hingen die Bauern früher ihre Kräuterernte in der Nähe des Herdes auf, aber nicht so, daß die Hitze den Pflanzen zu nahe kam. Sie sollen nur trockene Luft haben.

Für das Herbarium

Wer sich aus Liebhaberei oder aus beruflichen Gründen ein Herbarium anlegen will, muß vor allem beherzigen, was auch für das Sammeln von Kräutern zum Trocknen gilt: er darf nur bei trockenem, sonnigem Wetter sammeln. Die Farbe der Blüten wird besonders gut erhalten, wenn die Pflanzen bei praller Sonne eingesammelt und sofort zwischen Löschpapier gepreßt werden.

Ein paar Hilfsmittel sollte man für das Einsammeln der Kräuter bei sich haben: zwei starke Pappen in der Größe 30 x 35 cm, zwischen die man Löschpapier legt, Bindfaden, um die Pappen zuzuschnüren, ein Taschenmesser, damit dicke Pflanzenteile, wie zum Beispiel Wurzeln, an Ort und Stelle halbiert werden können, einen Handspaten oder Pflanzenstecher, um ganze Wurzeln unbeschädigt aus dem Boden befreien zu können, und eventuell einen Spazierstock, mit dem man Wasserpflanzen ans Ufer ziehen oder Äste zu sich herunterbiegen kann.

Hat man eine Pflanze gefunden, so bestimmt man sie am besten zuerst an Hand unseres Taschenbuches. Danach steche man sie aus der Erde. Es ist nämlich besonders schön, wenn man die ganze Pflanze, also auch die Wurzel, im Herbarium aufbewahrt. Starke Wurzeln halbieren wir mit dem Taschenmesser. Auch mit starken Stengeln können wir es so handhaben. Anschließend breite man die Pflanze sorgfältig auf dem Löschpapier aus, und zwar so, daß die Pflanze ihren natürlichen Aufbau zeigt. Sind zu viele Blätter oder Blüten vorhanden, die übereinanderliegen, so entferne man einen Teil von ihnen. Störrische Pflanzen lasse man zuerst einige Zeit welken, dann fügen sie sich besser unseren ordnenden Händen. Über die zurechtgelegte Pflanze legen wir ein oder mehrere Löschpapiere, drücken die Pflanze gut an und bringen die zwischen den Löschpapieren liegende Pflanze zwischen die starken Pappen, die wir mit dem Bindfaden umwickeln. So verfahren wir mit allen weiteren Pflanzen. Zu Hause angelangt, beschweren wir die Pappen. Jeden Tag legen wir die Pflanzen um, indem wir das inzwischen feucht gewordene Papier gegen trockene Bogen austauschen.

Nach dem Pressen der Pflanzen, die erst dann trocken sind, wenn sie sich nicht mehr kühl anfühlen, werden diese auf vorbereitete Bogen aufgeklebt. Am besten verwendet man dazu durchsichtige Klebestreifen, mit denen man die Pflanze an wenigen Stellen festhält. Kleinere Pflanzenteile befestigt man sicherheitshalber noch zusätzlich mit Klebstoff, zum Beispiel zarte Blütenblätter, damit sie sich nicht selbständig machen.

Die Blätter mit den aufgeklebten Pflanzen werden anschließend sorgfältig beschriftet. Wenn wir das Herbarium nicht für berufliche Zwecke brauchen, bleibt es uns selbst überlassen, wie ausführlich wir sein wollen. Der lateinische und der gebräuchlichste deutsche Name wird selbstverständlich angeführt. Außerdem kann man die Pflanzenfamilie, die Droge, den Fundort, die Sammelzeit, Bestandteile und Verwendung angeben.

Damit die Blätter nicht Pilzen und Ungeziefer anheimfallen, besprühe man sie leicht mit einem Insektenmittel, sonst kann man sehr unangenehme Überraschungen erleben.

Anschließend überziehen wir die Blätter mit einer Cellophanfolie, damit die Pflanzen nicht bei jeder Besichtigung Schaden nehmen. Für die Aufbewahrung eignet sich am besten ein Karton, den wir selbst bekleben, oder eine entsprechend dicke Mappe.

Über Kräutertees und ihre Zubereitung

Die Herstellung von Kräutertees erfordert einige Kenntnisse, ohne die solche Tees entweder unwirksam sind oder Schaden anrichten können. Die Mengenvorschriften, die unter »Anwendung« bei den einzelnen Kräutern in diesem Buch gemacht sind, beziehen sich immer auf 1 Tasse Wasser und den Krankheitsfall. Ein Gesunder muß für den Dauergebrauch von Kräutertees stets sehr geringe Mengen nehmen, geringere, als zur Heilung einer Krankheit benötigt werden. Die Mengenangaben beziehen sich auf getrocknete Kräuter, frische sind schwerer. Man sollte niemals die angegebene Menge vergrößern und annehmen, dadurch eine schnellere und bessere Wirkung zu erzielen. Die Wissenschaft hat festgestellt, daß gerade geringere Mengen wirkungsvoller sind.

Wie oft trinkt man einen Tee? Das richtet sich danach, was man zu erreichen beabsichtigt. Will man eine schnelle Wirkung erzielen, beispielsweise bei Leibschmerzen oder bei einer Magenverstimmung, so empfiehlt es sich, alle 10 bis 15 Minuten einen kleinen Schluck zu nehmen und ihn gut einzuspeicheln, bevor man ihn hinunterschluckt. Ich muß das Einspeicheln hier ausdrücklich erwähnen, auch wenn es bei Essen und Trinken das Naturgegebene ist, so muß selbst der Verständige immer wieder in unserer hastenden Welt darum kämpfen, seine Speisen nicht herunterzuschlingen. Der Speichel ist nicht nur dazu da, die Nahrung in den Magen zu spülen, sondern er enthält auch Enzyme, welche die aufgenommenen Fremdstoffe dem Körper zugänglich machen. Die Verdauung beginnt bereits im Mund, und wir sollten niemals vergessen, daß dieser Teil des Verdauungsvorganges im übrigen Körper nicht mehr nachgeholt werden kann. Haben wir nicht viel Zeit, so sollten wir lieber weniger essen und trinken und dafür besser kauen. Der menschliche Organismus kann heruntergeschlungene Speisen nämlich doch nicht richtig auswerten.

Soll ein akuter Zustand behoben werden, zum Beispiel eine Stuhlverstopfung, so genügt ein Glas Tee, in diesem Fall beispielsweise von Sennesblättern. Schnelle Wirkungen sind allerdings nur bei vorübergehenden Unpäßlichkeiten zu erwarten, Krankheiten bereiten sich dagegen längere Zeit im Körper vor, ehe sie ausbrechen, und können deshalb auch nicht wieder an einem Tag ausgerottet werden. Gegen diese geht man mit einer Kräuterteekur vor.

Bei solch einer Kur muß ein bestimmter Tee über längere Zeit hinweg getrunken werden. Am meisten hat es sich bewährt, dreimal täglich eine Tasse Kräutertee zu trinken, und zwar auf nüchternen Magen, spätestens eine halbe Stunde vor dem Mittagessen und eine halbe Stunde vor dem Abendessen. Nur ein Tee, der die Verdauungssäfte im Magen besonders anregt, darf eine viertel Stunde vor dem Essen gereicht werden. Die anderen Tees verdünnen nämlich so kurz vor der Mahlzeit die Verdauungssäfte, und dadurch werden die Speisen unverträglich.

Wie lange soll so eine Kräuterteekur dauern? Wenn die betreffende Krankheit völlig verschwunden ist, trinke man den Tee noch so lange weiter, wie die Krankheit an Zeit in Anspruch genommen hat, und zwar von dem Tag ab gerechnet, an dem man die Kräuterteekur begann.

Zucker sollte man während dieser Kur ganz vermeiden und auf gar keinen Fall den Tees zusetzen. Der Mensch braucht Zucker, aber nur in solchen Verbindungen, in denen die Natur ihn uns liefert. Da sind ihm nämlich alle die Wirkstoffe beigegeben, die der Körper braucht, um den Zucker für sich verwerten zu können. Wird er dem menschlichen Organismus chemisch isoliert angeboten, so tritt eine Störung im Vitamin-B-Haushalt ein. Man vermutet heute, daß diese Störungen andere nach sich ziehen, und dadurch ergeben sich vor allem Verdauungsschwierigkeiten, die dann wiederum andere schwerwiegende Folgen haben. Zucker ist darum niemals gut, weder in reiner Form, noch als Süßigkeit oder Süßspeise, aber während einer Krankheit kann er die Genesung geradezu verhindern. Tees, die Verdauungsorgane wie Magen, Leber, Galle oder Darm stärken sollen, genieße man am besten ohne einen Zusatz. Hustentees dagegen kann man mit Honig sogar noch verbessern. Mehr als ein Teelöffel Honig sollte jedoch am Tag nicht genommen werden.

Bei der Zubereitung von Kräutertees kommt es darauf an, daß die wirksamen Inhaltsstoffe nicht zerstört, verjagt oder verändert werden. Die Mengenangaben in diesem Buche beziehen sich auf eine Tasse Wasser. Sind überhaupt keine Anweisungen gegeben, so rechnet man einen gestrichenen Eßlöffel voll des jeweiligen Krautes auf eine Tasse Wasser. Eine geringere Menge an Kräutern ist in gesunden Tagen richtiger, zuviel ist in jedem Falle zu vermeiden.

Will man einen k a l t e n A u s z u g herstellen, so übergießt man die Kräuter mit kaltem Wasser und läßt sie etwa zwölf Stunden ziehen. Der abgesiehte Kräutertrunk wird vor dem Gebrauch leicht erwärmt.

Einen h e i ß e n A u f g u ß erhält man, wenn man die Kräuter mit siedendem Wasser übergießt, umrührt und etwa fünf Minuten ziehen läßt, bevor man absieht. Der Tee wird getrunken, wenn die Temperatur etwa auf unsere körpereigene gesunken ist.

Eine A b k o c h u n g entsteht, wenn man die Kräuter mit kaltem Wasser ansetzt, bis zum Sieden erhitzt und bei mäßigem Feuer fünf Minuten am Siedepunkt hält. Dann wird abgesiebt und bei Körpertemperatur getrunken.

Erläuterung der Fachausdrücke

Abortivum	Mittel, die Abtreibung zu fördern
adstringierend	zusammenziehend
Affektion	krankhafte Reizung
Alkaloid	stickstoffhaltige Pflanzenbase
Antigen	artfremder Eiweißstoff, der im Körper Abwehrstoffe bildet
Aphrodisiakum	den Geschlechtstrieb anregendes Mittel
Derivat	»Abkömmling« einer chemischen Verbindung
Diastole	rhythmische Erweiterung des Herzmuskels
Diurese	Harnabsonderung
Diuretikum	harntreibendes Mittel
Emetin	schleimlösendes Mittel
Enzym	(auch Ferment) von lebenden Zellen erzeugte Stoffe, die chemische Prozesse beschleunigen
Expektorantium	auswurfförderndes Mittel
Ferment	(auch Enzym) von lebenden Zellen erzeugte Stoffe, die chemische Prozesse beschleunigen
Gastritis	Magenschleimhautentzündung
Hydrops	Wassersucht
Hypertrophie	übermäßige Vergrößerung, auch Überernährung
Inulin	chemische Vorstufe des Fruchtzuckers
Ikterus	Gelbsucht
Karzinom	Krebsgeschwulst
Kataplasmen	Umschläge mit heißem Brei, beispielsweise mit Leinkuchen
Leukozyten	weiße Blutkörperchen, die Bakterien unschädlich machen, Abwehrstoffe und Eiter bilden
Lipase	ein Ferment der Leber, das Fett zerlegt
Mitose	eine Art der Zellkernteilung
Otosklerose	Verkalkung des inneren Ohres
Pappus	haarförmig borstiger Blütenkelch
Pepsin	ein Ferment des Magens, das Eiweiß zerlegt
Perigon	Blütenhülle aus gleichartigen Blättern
Peristaltik	rhythmische Bewegung von oben nach unten bei Magen und Darm

Pleuritis	Rippenfellentzündung
purgieren	abführen
Resorption	Aufsaugen von Stoffen in die Blut- oder Lymphbahn
Skrofulose	chronische, tuberkulöse Entzündung der Halsdrüsen
Spreublätter	sitzen an den Scheibenblüten der Kompositen, wo diese aus dem Blütenboden kommen
Systole	das Zusammenziehen des Herzmuskels
tonisieren	Erhöhen des Spannungszustandes
Toxine	Gifte

Ackerschachtelhalm
Equisetum arvense

Volkstümliche Namen: Ackerschaftheu, Kannenkraut, Katzenschwanz, Pferdeschwanz, Polirheu, Polirstroh, Polirkannenkraut, Reibwisch, Schaftheu, Schaftstroh, Scheuergras, Scheuerkraut, Zinnkraut
Familie: Equisetaceae — Schachtelhalmgewächse
Vorkommen: Fast über die ganze nördliche Halbkugel verbreitet, ist Schachtelhalm überall auf trockenen Böden und Äckern anzutreffen.
Beschreibung: Die Ackerschachtelhalme zählen zu den frühen Pflanzen unserer Erde. In den ältesten Perioden der Erdentwicklung hatten diese eine stattliche Größe und bildeten zusammen mit Farnen und Bärlappgewächsen riesige Wälder im damals feuchtheißen Klima unserer Breiten. Heute findet man nur selten am Amazonas größere Bestände von Riesenschachtelhalmen, die etwa 6 m hoch sind, während die größten europäischen Arten höchstens 2 m Höhe erreichen. Unser Equisetum arvense ist nur ein bescheidenes Pflänzchen, aus dessen schnurförmigem Wurzelstock im Frühjahr ein 10—20 cm hoher Halm von strohgelber Farbe treibt. Dieser trägt in Abständen von 2—3 cm ringförmige Blattscheiden mit vielen spitzen Zähnchen. Am Ende trägt der Halm eine keulenförmige Ähre. Erst im Sommer erscheinen die grünen Sommerwedel, die in bestimmten Abständen Wirbel von 10—12 grünen Ästen aufweisen.
Drogen: Die unfruchtbaren Stengel mit den Ästen — Herba Equiseti
Inhaltsstoffe: Kieselsäure, Bitterstoffe, Oxalsäure, Apfelsäure, Peptinsäure, Kalk-, Natrium- und Kaliumsalze, Eisen, Schwefel, Mangan, Magnesium, Harz.
Anwendung: Äußerlich wird Schachtelhalmtee (1—4 g werden mit 1 Tasse kochenden Wassers überbrüht) für Wickel, Bäder, Einläufe, Spülungen, Waschungen und als Gurgelmittel bei eitrigen Wunden, offenen Beinen, Knochenfraß, Fisteln, Ekzemen, Geschwüren, Mandelentzündungen, Schnupfen, Lidrandentzündungen, Gerstenkorn, Wund- und Zahnfäule, Zahnfleischlockerung und Mastdarmfisteln angewandt.
Innerlich, ebenfalls als Tee, wirkt Ackerschachtelhalm günstig auf Blasen-, Lungen-, Grieß- und Steinleiden, Wassersucht, Blutungen und bei Rheumatismus. Schachtelhalm ist eines der gebräuchlichsten Mittel.

Akelei
Aquilegia vulgaris

Volkstümliche Namen: Akerlei, Adlerblume, Aglei, Falsche Glockenblume, Harlekinsblume, Narrenkappe, Weiberkappe

Familie: Ranunculaceae — Hahnenfußgewächse

Vorkommen: Akelei kommt vereinzelt unter schattenspendenden Bäumen und Büschen wildwachsend vor, weit mehr aber in unseren Gärten.

Beschreibung: Die hochständige Pflanze hat große, dreizählig zusammengesetzte Blätter, die auf der Oberseite mattgrün, auf der Unterseite jedoch blaugrün und flaumig sind. Die hängenden großen Blüten der wildwachsenden Akelei sind blau bis violett, während die Gartenakelei weißblau oder gelbrot ist.

Drogen: Kraut — Herba aquilegiae

Inhaltsstoffe: Die blühende Pflanze enthält Blausäure liefernde Substanzen, ferner Öl und Schleim. Das Kraut wirkt narkotisch und ist widerlich scharf und bitter.

Anwendung: Äußerlich verwendet man Akelei gegen Fisteln. Innerlich wird der ausgepreßte Saft des frischen Krautes gegen chronische Hautausschläge, aber auch zur Unterstützung der äußerlichen Fistelbehandlung gegeben. Auch bei Milz- oder Leberschwellungen, Gelbsucht, kolikartigen Leibschmerzen (besonders wenn sie von den weiblichen Organen ausgehen) und Wassersucht ist die Akelei erfolgreich. Wegen ihres Blausäuregehaltes und der narkotischen Wirkung sollte die Dosierung dem Arzt überlassen werden.

Alant
Inula Helenium

Volkstümliche Namen: Aletwurzel, Altwurzel, Edelherzwurzel, Fadenwurzel, Glockenwurzel, Handwurzel, Oldwurzel, Ottwurzel, Unlenkwurzel, Helenenkraut

Familie: Compositae — Korbblütler

Vorkommen: Der Alant stammt vermutlich aus Zentralasien, kam dann über Südeuropa zu uns und wird seit vielen Jahrhunderten in den Gärten Mitteleuropas als Heil- und Küchengewächs gezogen. Heute ist er verwildert und wächst auf feuchten Wiesen an vielen Orten Deutschlands.

Beschreibung: Aus dem verästelten kräftigen Wurzelstock wächst ein gerader Stengel bis zur Brusthöhe, der von vielen eiförmigen, aber spitz auslaufenden, breiten, ungeteilten und grobgesägten Blättern umgeben ist. Oben verästelt sich der Stengel und endet in einem ganzen Strauß arnikaähnlicher Blütenkörbe, weshalb die Pflanze bei den älteren Botanikern auch »falsches Fallkraut« hieß. Ein langhaariger Pappus krönt die Frucht. Spreublätter finden sich nicht.

Drogen: Wurzel — Radix Helenii

Inhaltsstoffe: Der Wurzelstock enthält im Herbst viel Inulin, Alantol, bis zu 3 % ätherisches Öl, Helenin, Acantholacton und etwas Azulen.

Anwendung: Eine Abkochung von 2—4 g der Wurzel dient ä u ß e r l i c h bei Hautkrankheiten hauptsächlich als antiseptisches Mittel.

I n n e r l i c h e Gaben wirken anregend auf die Verdauung, harntreibend bei katarrhalischen Zuständen der Blase und der Harnröhre. Sie fördern aber auch den Gallenfluß. In den Luftwegen wirkt Alant als schleimförderndes Mittel bei chronischer Bronchitis und Keuchhusten. Selbst bei gewissen Formen der Tuberkulose begünstigt er den Heilungsprozeß.

Angelika

Archangelica officinalis
Neu: Angelica archangelica

Volkstümliche Namen: Artelkleewurzel, Dreieinigkeitswurzel, Echte Brustwurzel, Engelwurz, Erzengelwurzel, Geistwurzel, Glückenwurzel, Heiligenwurzel, Heiligengeistwurzel, Luftwurzel, Theriakwurzel

Familie: Umbelliferae — Doldenblütler

Vorkommen: Es gibt zwei Spielarten der Angelika: Die Unterart Eu-Archangelica kommt in der Bergwelt nordischer Länder wie Island, Grönland und Skandinavien vor, die zweite Unterart littoralis ist eine Strandpflanze des Nordens von Grönland und Island über Dänemark bis zur russischen Ostseeküste und selbst Sibirien.

a) Frucht

Beschreibung: Dieser im Mittelalter in Klostergärten überall angepflanzte Doldenblütler, der zur Zeit der Pest in Europa neben Bibernelle, Enzian, Wacholderbeere und Blutwurz aus Engelshöhen als Heilmittel den Menschen verkündet worden sein soll (auch von Paracelsus zur

Eindämmung dieser Seuche sehr geschätzt), ist im ersten Jahr seines Wachstums bis in den Herbst hinein ein stengelloses Kraut mit dreifach gefiederten, fast meterlangen Blättern, das von der kraftvoll ausgebildeten Wurzel am Boden gehalten wird. Im kommenden Sommer aber treibt alles an der Pflanze dem Licht entgegen. Aus dem hohlen, armdicken Stengel sprießen aus knolligen Blattscheiden die gefiederten Blätter, bis er sich verzweigt und Dolde auf Dolde hervorbringt, die nochmals zu kleineren Dolden versprühen, ehe die grünlichgelben Blütenblättchen sich ausbreiten.

Drogen: Blätter — Folia Angelicae. Wurzel — Radix Angelicae.

Inhaltsstoffe: Rohrzucker, etwas Stärke, Hydrocarotin, Angelica-, Baldrian- und Apfelsäure, Harz, Gerbstoff, Pektin, Wachs, Bitterstoff und bis zu 1 %/0 ätherisches Öl.

Anwendung: Angelika wirkt in allen Teilen schweiß- und urintreibend, sowie appetit- und nervenanregend. Es wurde in der Volksheilkunde außer bei der Pest auch als auswurfförderndes Mittel bei Verschleimung, ferner gegen Stuhlverstopfung bei Hämorrhoiden und Gelbsucht verwendet. Es beruhigt das Herz und hilft bei Schlaflosigkeit. Vorbeugend trinkt man Tee bei Erkältungsgefahr (1—2 g der Blätter mit 1 Tasse kochenden Wassers überbrühen, 2—4 g der Wurzel überbrühen oder leicht abkochen, 1—2 g der Samen überbrühen oder leicht abkochen).

Anis
Pimpinella anisum

Volkstümliche Namen: Arnis, Brotsamen, Enis, Runder Fenchel, Süßer Kümmel, Taubenanis
Familie: Umbelliferae — Doldenblütler
Vorkommen: Am Mittelmeer heimisch, wird diese uralte Kulturpflanze heute hauptsächlich in Spanien und Rußland in Gärten und auf Feldern angebaut. Sie liebt Trockenheit.

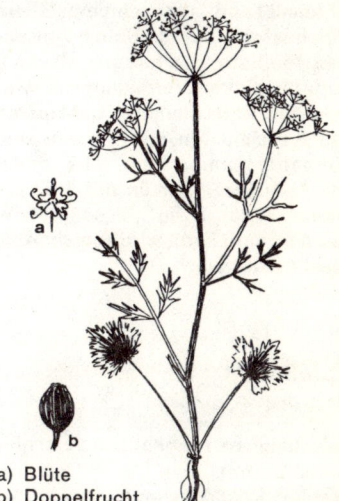

a) Blüte
b) Doppelfrucht

Beschreibung: Aus der spindelartigen Wurzel steigt zunächst eine Blattrosette auf, und wie bei den Umbelliferen üblich, erwartet man für das erste Wachstumsjahr nicht mehr. Aber bald wird es trockener, die Luft wärmer, und da treibt der runde, gerillte Stengel empor und wandelt die mitgenommenen Blätter von den kaum gegliederten unteren zu immer tiefer eingeschnittenen mit immer schmaleren Fiederungen oben, bis endlich die lockere, weiße Blütendolde ohne Hüllblättchen gen Himmel strahlt.

Drogen: Frucht — Fructus Anisi Öl — Oleum Anisi

Inhaltsstoffe: Die Früchte enthalten 2 bis 3 % ätherisches Öl, Eiweiß, Fett, Zucker

Anwendung: Anis wirkt krampf-lösend, stark blähungstreibend, schleimlösend, sehr schmerzstillend und hustenlindernd. Seine Anwendungsgebiete umfassen deshalb Appetitlosigkeit, Verdauungsschwierigkeiten, Verschleimung bei Husten und Keuchhusten und Magen- und Darmaffektionen. Eine Abkochung von 2—4 g der Samen mit 1 Tasse Wasser fördert die Milchsekretion. Gebäck und Brot wird durch Anis leichter verdaulich.

en und mehr an einem Stiel sitzen. Mit ihren ausgebreiteten fünf Blütenblättern bedecken diese Blüten weiß und von der Unterseite her rosig schimmernd den ganzen Baum. Die Früchte reifen im Spätsommer und Herbst, und manche Sorten können bis ins nächste Jahr hinein gelagert werden.

Drogen: Früchte, Fruchtschalen

Apfelbaum
Pirus malus

Volkstümliche Namen: Die verschiedenen Sorten
Familie: Rosaceae — Rosenblütler
Vorkommen: In fast allen Erdteilen angebaut.
Beschreibung: Der Apfelbaum ist stämmig und hat eine weitverzweigte, rundliche Krone. Mit den fast runden, vorn spitzen, gesägten und kurzstieligen Blättern gemeinsam treten die Blüten hervor, die in kleinen Dolden aufrecht zu zweien, dreien

Inhaltsstoffe: Die Früchte enthalten etwa 12 % Zucker, Eisen, Natron, Phosphat, einen hohen Prozentsatz an Basen, außerdem Fruchtsäuren, ätherische Stoffe, Gerbsäure und Mineralstoffe. Außerdem sind Schalen und Kerngehäuse reich an Pektin.
Anwendung: $1^1/_2$ kg auf der Glasreibe geriebene oder restlos zerkaute reife Früchte ohne Kerngehäuse, auf achtmal am Tage verteilt,

bewirken meist schon nach 1 bis 2 Tagen Heilung bei Magen- und Darmkatarrh, Dysenterie, Hämorrhoiden, Paratyphus und Ruhr. Der Apfelbrei muß nach dem Reiben sofort gegessen werden. Es müssen auch unbedingt reife Früchte sein, denn unreife Äpfel bewirken genau das Gegenteil. Außerdem wirken Äpfel günstig auf Kreislaufstörungen, Gefäß- und Herzkrankheiten und Wassersucht. Wegen ihres Gehaltes an Eisen, Phosphat und Natron sind Äpfel nervenstärkend und blutbildend. Apfelschalentee (5—10 g auf 1 Tasse kochenden Wassers oder eine leichte Abkochung) wird bei Fieber und entzündlichen Prozessen verwandt.

Der hohe Anteil an Basen darf aber nicht dazu verführen, zu viele Äpfel an einem Tag zu essen, denn die reichlich vorhandenen Fruchtsäuren sorgen für einen erheblichen Säureüberschuß. Wenn man nicht gerade eine der oben beschriebenen Kuren macht, sollte man nicht mehr als zwei Äpfel am Tag zu sich nehmen. Zu viel Säure in der Nahrung führt nämlich zu einer Übersäuerung des Körpers, welche die Ursache der meisten Krankheiten ist.

Arnika
Arnica montana

Volkstümliche Namen: Bergwohlverleih, Bluttriebblüten, Donnerblume, Engelblumen, Fallkraut, Johannisblumen, Stichkrautblumen, St. Luziansblüten, Wohlverlei, Wolfsblume, Wulferlei (Wolfstöterin)

Familie: Compositae — Korbblütler
Vorkommen: Fast in ganz Europa auf feuchten, torfigen Wiesen, Waldwiesen, Gebirgswiesen der Alpen bis zu 2000 m Höhe.
Beschreibung: Flach an den Boden schmiegt sich eine Rosette von wenigen wegerichartigen Blattpaaren, die von fünf bis sieben Adern durchzogen sind. In der Mitte hebt daraus der schlanke Stengel die vorgebildete Blütenknospe dem Licht entgegen. Manchmal nimmt der Stengel noch ein winziges Blätterpaar mit, aus dessen Achseln zwei weitere Stengel mit Blütenknospen sprießen. Wenn die Sonne im Laufe des Jahres ihren höchsten Stand erreicht, erblüht der Korb in Sonnengelb, in der Mitte die Röhrenblüten, umkränzt von leuchtenden Zungenblüten. Nach dem Abblühen sät der Wind die silbrigen Fruchtstände aus. Die Sonne steht nun tiefer und wendet ihre wirkenden Kräfte der Erde zu. Da entwickelt der Wurzelstock waagerechte Würzelchen, die an ihren Enden Knospen vorbereiten. Im kommenden Frühling entfalten sich diese zu neuen Blattrosetten, und der Kreislauf beginnt aufs neue.
Drogen: Blüten — Flores Arnicae, Wurzel — Radix Arnicae, Kraut — Herba Arnicae. Die Bezeichnung Radix ist in diesem Falle zwar gebräuchlich, aber irreführend, denn es wird der ganze Wurzelstock verwendet. Es müßte richtiger Rhizoma Arnicae heißen. Herba Arnicae ist keine Arzneibuchware. Von den Blüten läßt das D.A.B. 6 nur die ausgezupften Röhren- und Zungenblüten zu.

Inhaltsstoffe: In allen Teilen der Pflanze Gerbstoffe. In der Blüte finden wir Flavon, karotinartige Farbstoffe (Arnicerin), Cholin, herzwirksame Substanzen, entzündungshemmendes ätherisches Öl, Kieselsäure, Inulin und Tannin. Die Wurzel enthält hautreizendes ätherisches Öl, gummiartige Substanzen, Wachs, Inulin und Arnicin. Das Kraut hat die gleichen Inhaltsstoffe, wird aber wenig verwendet.

Anwendung: Äußerlich wird Arnika in Form einer Tinktur gebraucht, aber nur in Verdünnungen (1:2 bis 1:6). Es wirkt bei Verstauchungen, Quetschungen, Blutergüssen und Hautabschürfungen schmerzstillend, aufsaugend und entzündungshemmend. Einreibungen mit verdünnter Arnikatinktur wirken sich günstig auf Gicht, Rheuma und Versteifungen aus. Sie sind außerdem nervenstärkend und -belebend.

Innerlich verwenden wir Arnika ebenfalls als Tinktur in einer Verdünnung von 20 Tropfen Arnikatinktur auf ein Viertelliter Wasser. Man läßt von dieser Lösung alle 2 Stunden einen Schluck trinken. Zu häufige oder stärkere Gaben führen, wahrscheinlich durch das Arnicin, zu Vergiftungen. Aus diesem Grunde sollte die innere Anwendung nur nach Rücksprache mit einem Arzt geschehen. Die innerlichen Gaben unterstützen die äußerliche Anwendung und wirken außerdem nachhaltig auf Nervensystem, Herz und Blutkreislauf. Naturheilkundige Ärzte machen auch Injektionen mit Arnika.

Artischocke
Cynara scolymus

Volkstümliche Namen: —
Familie: Compositae — Korbblütler
Vorkommen: Im warmen Mittelmeergebiet zu Hause, wird die Artischocke dort schon seit dem Altertum angebaut und als Delikatesse gegessen. Die Italienreisenden kennen den leicht bitteren Geschmack dieser pikanten Pflanze, von der die unteren fleischigen Teile der Hüllblätter des Blütenkopfes verzehrt werden, bevor die Pflanze voll erblüht ist. Auch in unseren Gärten ist die Artischocke jetzt als Zierpflanze

manchmal zu sehen, jedoch übersteht sie kalte Winter bei uns noch nicht unbeschadet.
Beschreibung: Aus dem Samen entsteht zuerst eine Wurzel mit einer

Blattrosette. Dann steigen aus dem ausdauernden Wurzelstock gebogene, lange, mehrfach gefiederte Blätter mit dornigen Spitzen. Der etwas kurze, stämmige Blütenschaft trägt eine blaurötliche große Blüte.

Drogen: Blätter — Folia Cynarae Wurzel — Radix Cynarae

Inhaltsstoffe: Eine aromatische Verbindung (Cynarin), Schleim, Gerbstoffe, viel Provitamin A, etwas Vitamin B_1, ein Enzym (Cynarase), das wie ein Labferment wirkt und in südlichen Ländern zur Käsebereitung benutzt wird.

Anwendung: Erst in neuerer Zeit setzt man die Artischocke, aus deren Wurzeln und Blättern man einen Extrakt gewinnt, wieder als Heilpflanze ein. Sie fördert den Gallenfluß, die Gallenbildung und den Aufbauprozeß in der Leber. Auch die Entgiftung, eine wichtige Aufgabe dieses Organs, wird angeregt. Diese Doppelwirkung kennt man bisher nur bei wenigen Pflanzen. Außerdem steigert die Artischocke die Diurese und senkt den Blutzuckerspiegel.

Augentrost
Euphrasia officinalis

Volkstümliche Namen: Augenkraut, Augendienst, Augustinuskraut, Herbstblümle, Hirnkraut, Lichttalkraut, Milchdieb, Milchschelm, Saatbleamel, Wegleuchte, Weißes Ruhrkraut, Zahntrost

Familie: Scrophulariaceae — Rachenblütler

Vorkommen: Augentrost finden wir in ganz Mitteleuropa auf Wiesen, trockenen Abhängen, in Laub- und Nadelwäldern, sowohl in den Bergen als auch in der Ebene.

Beschreibung: Wenn wir im Spätsommer einen Berghang hinaufsteigen, sehen wir oft ein anmutiges, höchstens handlanges Pflänzchen aus dem Grase schauen. Es hat stiellose, rundliche, am Rand scharf gesägte Blättchen, und seine Blüten sind im Verhältnis zur ganzen Pflanze übergroß, meist schneeweiß mit gelbem Schlund und violetten Ausstrahlungen.

Drogen: Kraut — Herba Euphrasiae

Inhaltsstoffe: Glykosid, ätherische Öle, Harz, Wachs, Bitterstoff, Gerbstoff, Zucker, Salze

Anwendung: Wie der deutsche Name schon sagt, ist Augentrost ein sehr gutes und seit alten Zeiten bekanntes Mittel gegen Augenleiden, z. B. bei Entzündungen von Lidrand und Bindehaut, Lichtempfindlichkeit, geschwächter Sehkraft und Eiterungen des Auges. Für die äußerliche Behandlung kocht man 1 Teelöffel des getrockneten Krautes mit $1/2$ l Wasser einige Minuten und seiht dann ab.

Für den innerlichen Gebrauch wird entweder 1 Tasse derselben Abkochung schluckweise über den ganzen Tag verteilt getrunken oder man überbrüht 1 Teelöffel des getrockneten Krautes mit $1/4$ l Wasser. Der getrunkene Tee unterstützt nicht nur die äußere Behandlung, sondern er beeinflußt auch die Grundleiden günstig, denn Augenleiden haben nicht selten eine skrofulöse Veranlagung als Ursache. Auch für die Schleimhäute der Kehle, der Ver-

dauungsorgane und der Lunge ist Augentrost sehr gut. Die Droge darf aber nur in den angegebenen kleinen Gaben genommen werden, da sie sonst giftig wirken kann.

Baldrian
Valeriana officinalis

Volkstümliche Namen: Ballerjan, Bullerjan, Dennmarkwurzel, Hexenkraut, Katzenkraut, Marienwurzel, Mondwurzel, Waldspeik, Wielandswurz

Familie: Valerianaceae — Baldriangewächse

Vorkommen: In ganz Mitteleuropa wächst Baldrian auf Abhängen, Wiesen, in Wäldern und an Ufern.

Beschreibung: Schon in alten Zeiten erfreute sich der Baldrian eines besonders guten Rufes als Heilpflanze. Im Norden nannte man ihn Velandsurt (Wielandswurz) nach Wieland, dem Schmied. Die Serben nennen ihn Odaljan (von odoljeti = überwältigen). Er wird bei ihnen sogar in einem Lied besungen, in dem den Frauen geraten wird, das kostbare Kraut nicht zu vernachlässigen und es immer im Gürtel zu tragen. In der Steiermark und in Tirol wird noch heute eine andere Baldrianart, der echte Speik (Valeriana celtica), in beträchtlichen Mengen für den Orienthandel gesammelt. Die Orientalen verwenden den echten Speik als Mottenmittel und für wohlriechende Bäder. Der gebräuchliche Baldrian (Valeriana officinalis) hat an einem röhrenförmigen, etwa 70 cm hohen Stengel gefiederte Blätter und oben

eine Trugdolde. Katzen werden vom Baldrian angezogen. Sie beginnen ein großes Geschrei und geraten geradezu in Verzückung.

Drogen: Wurzel — Radix Valerianae
Inhaltsstoffe: Baldrianöl, das aus einer Reihe von Stoffen besteht, darunter auch Isovaleriansäurebor-

nylester, dem die beruhigende Wirkung des Baldrian zugeschrieben wird. Außerdem enthält Baldrian Schleim, Zucker, Gummi, Gerbstoff, Harz, Lipase, Oxidase, Apfel-, Ameisen- und Essigsäure.

Anwendung: Ä u ß e r l i c h findet Baldrian nur bei nervösen Augenstörungen, Augenschwäche und Überanstrengung der Augen Anwendung.

Der i n n e r l i c h e Gebrauch ist dagegen sehr geschätzt und wirkt bei Nervosität, nervöser Schlaflosigkeit, Angstzuständen, nervösen Krampfzuständen, nervösem Schwindel und Husten, sowie bei nervösen Beschwerden des Klimakteriums. Man gibt 10—30 Tropfen der Tinktur auf etwas Wasser oder 1 Teelöffel der feingeschnittenen Wurzel auf $^1/_4$ l Wasser, läßt den Tee etwas kochen und noch 5 Minuten ziehen, ehe man abseiht.

Bärentraube

Arbutus uva ursi (Arctostaphylos uva ursi)

Volkstümliche Namen: Achselblätter, Bärenklauenblätter, Bewelblätter, Harnkraut, Moosbeere, Rauschkraut, Wolfsbeere, Sandbeere, Steinbeere, Wilder Buchs.

Familie: Ericaceae — Heidekrautgewächse

Vorkommen: In ganz Mitteleuropa in Nadelwäldern und auf Heiden. Zwischen mit Wasser vollgesaugten, saftigen Polstern des blaßgrünen Torfmooses, aber auch auf Sandboden findet man die Bärentraube mit ihren ledrigen, immergrünen,

brüchigen Blättern, die eiförmig an den verzweigten Ästen sitzen. Die Blüten, krugförmig, weiß und rot gerändert, mit fünf Zipfeln sind gipfelständig und wandeln sich schon früh im Sommer zu den purpurroten beerenartigen Steinfrüchten.

Drogen: Folia Uvae Ursi

Inhaltsstoffe: Arbutin, Methylarbutin, Bitterstoff, Urson, Gerbstoff, Gallussäure, etwas ätherisches Öl und Harz.

a) Blüte vergr.
b) Blatt
c) halbierte Frucht
d) Frucht
e) Staubblatt

Anwendung: Der Bärentraubenblättertee (2—5 g auf eine Tasse kochenden Wassers) ist ein hervorragendes Mittel bei Blasenkatarrh, Nierenleiden wie Nierengrieß und Nierensteine. Auch bei Bettnässen hat er gute Wirkung.

Bärlapp
Lycopodium clavatum

Volkstümliche Namen: Alpenmehl, Darmfraß, Erdschwefel, Felsschwefel, Hexenmehl, Teufelsklauen, Waldstaub, Zigeunerkraut
Familie: Lycopodiaceae — Bärlappgewächse
Vorkommen: Bärlapp ist auf trockenen Heiden, an Berghängen und in Wäldern in Europa und Rußland überall zu finden. In Deutschland werden die Sporangienstände in der Rhön, dem Spessart und im Harz gesammelt.

Beschreibung: Bärlapp hat einen am Boden entlang kriechenden Stengel, der rundherum dicht mit kleinen Blättchen besetzt ist. Er wird mehr als einen Meter lang. Am kriechenden Stengel entlang erheben sich kleine Zweige, auf deren Spitzen lange, dünne und aufrechte Stiele stehen, die an den Enden zwei ährenartige, gelbgrüne Sporangienstände tragen. Hier liegt ein merkwürdiger Gegensatz vor. So waagerecht der lange Stengel am Boden entlangkriecht, so kerzengerade starren die Stiele mit den Sporangienständen in die Luft.
Drogen: Sporen — Sporae Lycopodii, Kraut — Herba Lycopodii
Inhaltsstoffe: Die Analyse der Samen ergibt etwa 50 % fettes Öl, Zucker, Säuren, Harz, Gummi und in der Asche reichlich Aluminium. Das Kraut enthält Bitterstoff, Fett, Harz, Lycopodin.
Anwendung: Sporae Lycopodii wird vor allem ä u ß e r l i c h als Streupulver gegen das Wundsein von Säuglingen verwendet, denn es haftet leicht, ist mit Wasser nicht benetzbar und ballt sich nicht zusammen.
I n n e r l i c h wirkt der Tee (1—4 g werden mit 1 Tasse kochenden Wassers überbrüht oder kurz aufgekocht) gegen Blasenkatarrh und Blasenschmerzen, die im Zusammenhang mit Erkältungen auftreten. Er ist harntreibend und abführend.

Basilikum
Ocimum basilicum

Volkstümliche Namen: Basilkraut, Bienenweide, Suppenbasil
Familie: Labiatae — Lippenblütler
Vorkommen: Die in Vorderindien beheimatete Pflanze war bereits den alten Ägyptern bekannt, denn in den

Grabkammern der Pyramiden fand man Kränze aus Basilikum. Die Griechen wußten es als Heil- und Gewürzpflanze zu schätzen. Heute wird es in Europa überall angebaut.

Beschreibung: Das einjährige Kraut ist mit seiner Höhe von etwa 40 cm verzweigt und buschig und hat breite, fleischige Blätter. Die Blatttriebe enden in weißblühenden Scheinquirlen.
Drogen: Kraut — Herba Basilici
Inhaltsstoffe: Der Hauptbestandteil ist das ätherische Öl.
Anwendung: Basilikum ist ein altbekanntes Mittel, das schmerzstillend, schweißtreibend und beruhigend wirkt. Es wird bei Magenkrämpfen, Blasen- und Nierenleiden, zur Förderung der Milchbildung, aber auch bei Nervenschwäche verwendet.

Beifuß
Artemisia vulgaris

Volkstümliche Namen: Beinweickkraut, Besenkraut, Biebeskraut, Bruchkraut, Gänsekraut, Johannisgürtel, Jungfernkraut, Männerkrieg, Sonnwendkraut, Weiberkraut, Stabwurzelkraut, Roter oder Weißer Bock
Familie: Compositae — Korbblütler
Vorkommen: In ganz Europa fast überall an Hecken, Zäunen und Mauern, auf unbebauten Plätzen, Brachland, an Böschungen und Ufern vertreten.

a) Blütenköpfchen

Beschreibung: Aus den dünnen, braunen Wurzeln, die innen jedoch weiß sind, steigt buschig und sehr verästelt die etwa 60 cm hohe Pflanze auf. Die zahllos wirkenden Blätter sind oben grün und unten weißfilzig.

Der gemeine Beifuß hat aufrechtstehende, außen filzige Blütenkörbchen.
Drogen: Kraut — Herba Artemisiae, Wurzel — Radix Artemisia
Inhaltsstoffe: Bitterstoff, ätherisches Öl, Gerbstoff.
Anwendung: Gegen Epilepsie gibt man 1—2 g auf eine Tasse Wasser als Aufguß oder leichte Abkochung oder in Pulverform täglich 1 Teelöffel in ein Getränk gemischt. Beifuß wirkt auch ausgleichend bei Periodenstörungen, wenn man ihn drei bis acht Tage vor Eintritt der Periode gibt. Das Kraut ist auch als Küchengewürz beliebt, in vielen Gegenden besonders für den Gänsebraten.

Beinwell
Symphytum officinale

Volkstümliche Namen: Beinbruchwurzel, Eselohrwurzel, Heilwurzel, Wallwurz, Waldwurz
Familie: Boraginaceae — Boretschgewächse
Vorkommen: Beinwell finden wir in Europa fast überall auf feuchten Wiesen, an Ufern, feuchten Gräben und Teichen.
Beschreibung: Aus einer kräftigen Wurzel steigt der Stengel bis zu Meterhöhe empor. Seine wechselständigen Blätter sind spitz, lanzettförmig und rauhhaarig. Aus den oberen Blattachsen entrollen sich allmählich spiralige Blütenstände, an denen sich violette, seltener weiße, glockenähnliche Blüten entfalten.

Drogen: Wurzel — Radix Symphyti
Inhaltsstoffe: Die Wurzel enthält Schleim, Stärke, Gummi, Zucker, Harz, etwas ätherisches Öl, Asparagin, Allantoin und Kieselsäure. Blüte und Kraut enthalten in geringen Spuren Alkaloide, Consolidin Symphyto — Cynoglossin mit lähmender Wirkung auf das Zentralnervensystem.
Anwendung: Hauptsächlich ä u ß e r l i c h wird die Beinwellwurzel bei Wunden, Quetschungen und alten Geschwüren verwendet. Diese Droge scheint besonders auf die Knochenhaut zu wirken, was Knochenerkrankungen und -brüchen zugute kommt. Ein aus der Wurzel hergestelltes Pulver wird zur Blutstillung frischer Wunden benutzt.
Für den i n n e r l i c h e n Gebrauch bereitet man einen Tee mit 20 g der zerkleinerten Wurzel, die man mit $1/2$ l kochenden Wassers überbrüht. Der reichliche Schleimgehalt wirkt bei Durchfällen, Katarrhen der Bronchialschleimhaut, Magen- und Darmblutungen und Ruhr.

Benediktenkraut
Cnicus benedictus
(Cardo benedictus)

Volkstümliche Namen: Beerlingskraut, Bernkraut, Bernhardinerkraut, Bitterdistel, Heildistel, Kardobenediktenkraut, Magendistel, Spinnendistel, St. Bernhardskraut
Familie: Compositae — Korbblütler
Vorkommen: Im Mittelmeergebiet heimisch, wurde das Benediktenkraut als Heilpflanze im Mittelalter

Beinwell
Symphytum officinale

Benediktenkraut

über die Alpen gebracht und in Gärten kultiviert.

Beschreibung: Die einjährige Pflanze wird etwa kniehoch. Aus borstigstachligen, spitzzerteilten und länglichen Blättern treten die gelblichen Blütenköpfchen kaum hervor.

Drogen: Kraut — Herba Cardui benedicti. Aus dem mit heißem Wasser übergossenen Kraut preßt man einen Extrakt (Extractum cardui benedicti).

Inhaltsstoffe: Glycosidischer Bitterstoff (Cnicin), Gerbstoff, etwas ätherisches Öl, Harz, viel Schleim, Kalium, Kalzium, Magnesiasalze.

Anwendung: Äußerlich wurde Cnicus benedictus früher als Heilmittel für Wunden und Brandflächen angewendet.

Die moderne Medizin zieht die innerliche Anwendung (2—5 g des Krautes mit 1 Tasse kochenden Wassers überbrühen) vor. Hauptsächlich der Verdauungsstoffwechsel (Magen, Darm, Leber, Galle) wird günstig beeinflußt, aber auch die Schleimhäute der Atemorgane.

Bibernelle
Pimpinella saxifraga

Volkstümliche Namen: Bockswurzel, Bockspetersilie, Steinpetersilie, Pfefferwurzel, Pinellkraut, Weiße Teriakwurzel, Weinpimpinell

Familie: Umbelliferae — Doldenblütler

Vorkommen: In ganz Mitteleuropa kommt Pinpinella saxifraga auf trockenen Wiesen, Triften und Hügeln vor.

Beschreibung: Die Bibernelle darf nicht mit der Garten-Bibernelle Sanguisorba minor verwechselt werden, die gern als Küchenkraut gebraucht wird und sehr ähnliche Blätter aufweist. Die Pimpinella saxifraga und ihre größere Spielart Pimpinella major haben ihren deutschen Namen sicher von der Garten-Bibernelle übernommen, die, um Verwechslungen zu vermeiden, auch vielfach kleiner Wiesenknopf genannt wird.

a) Frucht
b) Wurzel

Drogen: Bibernellwurzel — Radix Pimpinellae

Inhaltsstoffe: Gerbstoff, Zucker, Eiweiß, ätherisches Öl, Gummi, Stärke, Saponine, Benzoesäure, Bitterstoffe, Pimpinellin.

Anwendung: Die Bibernelle wirkt schleimabsondernd und regt Haut und Nieren zu verstärkter Tätigkeit an. Früher wurde sie auch bei Nieren- und Blasensteinen als Heilmittel eingesetzt. Sogar eine günstige Wirkung auf die Leber wird ihr zugeschrieben. Die Volksheilkunde wandte sie auch bei Wassersucht und Tuberkulose an. Die Wurzel der Bibernelle wird gegen Heiserkeit gegeben (1—3 g auf 1 Tasse Wasser in leichter Abkochung).

Birke

Betula verrucosa und pubescens (früher unter Betula alba zusammengefaßt)

Volkstümliche Namen: Moorbirke, Zwergbirke, Weißbirke, Rotbirke, Besenbaum, Frühlingsbaum.

Familie: Betulaceae — Birkengewächse.

Vorkommen: In Europa und Asien auf trockenen Böden in Laub- und Nadelwälder eingesprengt, oft auch eigene kleinere Bestände bildend, finden wir die Betula vernucosa. Auf moorigem Grund, an sumpfigen und torfigen Stellen in Wäldern und nur selten in trockenem Gelände fühlt sich die Betula pubescens wohl.

Beschreibung: Im weißen, weithin leuchtenden Stamm der Birke steigt im frühesten Frühjahr der für uns Menschen so blutreinigende Birkensaft empor. Und bald wird für uns das Leben in diesem Frühlingsboten auch sichtbar, wenn lichtgrün die fast dreieckigen, von ästigen Adern durchzogenen Blätter gemeinsam mit den einhäusigen Blütenkätzchen sprießen.

Drogen: Birkenblätter — Folia Betulae, Birkenknospen — Gemmae Betulae, Birkenrinde — Cortex Betulae, Birkenholz — Lignum Betulae.

Inhaltsstoffe: Saponin, ätherisches Öl, Harz, Gerbstoff, Mineralstoffe (u. a. weinsaures Kali), in der Rinde Öl, Betulinsäure, Betularesinsäure, im Holz Birkenteeröl.

Anwendung: Birkenblättertee ist sehr wirksam bei rheumatischen Erkrankungen, Hautausschlägen, Nierenleiden und als Blutreinigungsmittel. Auch die urintreibende Wirkung des Tees ist bekannt. Nierensteine und -grieß gehen bei mindestens einmonatiger Kur mit Birkenblättertee ab. (1 Teelöffel getrocknete Blätter werden mit 1 Tasse kochenden Wassers überbrüht. Man trinkt täglich morgens nüchtern und am Nachmittag je 1 Tasse.)

Bitterklee
Menyanthes trifoliata

Volkstümliche Namen: Biberklee, Dreiblatt, Fieberklee, Gallkraut, Magenklee, Sumpfklee, Wasserklee, Ziegenlappen.

Familie: Gentianaceae — Enziangewächse

Vorkommen: Auf der ganzen nördlichen Halbkugel ist Bitterklee auf feuchtem, sumpfigem Grund zu finden.

Beschreibung: Aus einem langen, kriechenden Wurzelstock erhebt sich bis zu 30 cm Höhe der von dreizähnigen, langstieligen Blättern umspielte Stengel mit der aus dem Wasser ragenden zart rötlichen Traube von Blüten, die bereits im Spätsommer verblüht sind.

Drogen: Blätter — Folia Trifolii fibrini

Inhaltsstoffe: Glykosidischer Bitterstoff (Menyanthin), fettes Öl, Cholin, Zerylester, Phosphorsäure

Anwendung: Bitterklee wird nur i n n e r l i c h gebraucht. Man übergießt 5 g der Blätter mit $^1/_2$ l kochenden Wassers und läßt noch $^1/_2$ Stunde ziehen, bevor man abseiht. Der Tee wird gegen Verdauungsstörungen, als Appetitanregung und bei Leberleiden $^1/_2$ Stunde vor dem Essen gegeben. Aber auch als Mittel gegen Fieber und Migräne wird er geschätzt.

Bitterklee
Menyanthes trifoliata

Bohnen

Phaseolus vulgaris

Volkstümliche Namen: Gartenbohne, Feldbohne, Buschbohne, Laufbohne, Schotenbohne, Stangenbohne
Familie: Leguminosae — Hülsenfrüchtler
Unterfamilie: Papilionaceae — Schmetterlingsblütler
Vorkommen: Diese Pflanze stammt aus Peru und wird seit dem 16. Jahrhundert in Europa kultiviert.

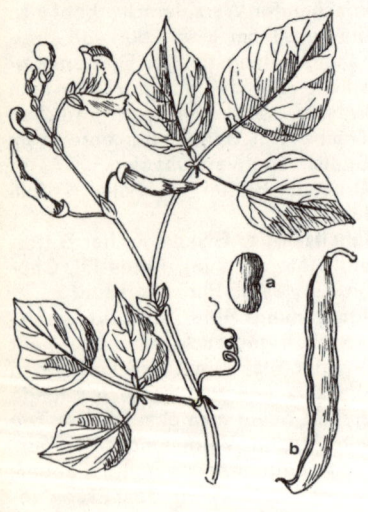

a) Samen (Bohne)
b) Hülse

Beschreibung: Von den Bohnen kennt man etwa 70 Spielarten, deren bekannteste wohl die Busch- und die Stangenbohnen sind. Die letzteren sind ein einjähriges Kraut, das sich linkswendig, also im Uhrzeigersinn, um aufgestellte Stangen windet. Die Stengel werden 3—4 m hoch und haben dreizählige Blätter, deren Teilblättchen breit eiförmig und vorn lang zugespitzt sind. Die weißen, rötlichen oder violetten Schmetterlingsblüten schmücken in Trauben das grüne Blattwerk. Aus ihnen entwickeln sich die bekannten Bohnen, deren kahnartiges Aussehen ihnen den lateinischen Namen verlieh (legumen = Hülse, phaseolus = Kahn).

Drogen: Bohnenschalen (die von den Samen befreiten weißlichen oder gelblichen Hülsen) — Fructus Phaseoli sine semine, Samen — Semen Phaseoli.

Inhaltsstoffe: Die Bohnenschalen enthalten Inosit, Zucker, Asparagin, Arginin, Tyrosin, Leucin, Lysin, Cholin, Trigonellin, Allantoin, Nucleinbasen und in der Asche besonders viel Kalk. In den Samen finden wir Stärkemehl, Zucker, Gummi und Phasin (ein Gift, das beim Kochen zersetzt wird und seine Toxizität verliert).

Anwendung: Der kräftig harntreibenden Wirkung und Auflösung von Harnsäure-Ablagerungen im Körper wegen wird der Bohnenschalentee bei allen Nieren- und Blasenleiden, Rheuma, Gicht und Wassersucht gebraucht. Für Diabetes ist er ein Unterstützungsmittel, da er den Blutzuckerspiegel senkt. Bohnenschalentee bereitet man, indem man 200 bis 250 g Bohnenschalen mit 1 Liter Wasser über Nacht ansetzt und morgens so lange kocht, bis die Menge auf $\frac{1}{2}$ Liter eingekocht ist. Dieses Quantum trinkt man über den Tag verteilt in kleinen Portionen.

Semen Phaseoli wird als Bohnenmehl für trockene Umschläge bei Gürtelrose verwendet und in der Kosmetik als Bestandteil von Hautpflegemitteln.

Rohe Bohnen, sowohl die weißen als auch die bunten Feuerbohnen (Phaseolus multiflorus) und die grünen Bohnen mit den unreifen Samen dürfen niemals als Rohkostsalat serviert werden, da sie das giftige Phasin enthalten, das erst beim Kochen oder Dünsten seine Giftwirkung verliert.

Bohnenkraut
Satureja hortensis

Volkstümliche Namen: Pfefferkraut, Wurstkraut

Familie: Labiatae — Lippenblütler

Vorkommen: Diese allgemein als Küchengewürz bekannte Pflanze ist im östlichen Mittelmeergebiet heimisch. Bei den Griechen finden wir sie nirgends erwähnt, aber die alten Römer schätzten sie sehr. Bei uns wird dieses Gewürzkraut in Gärten und auf Feldern angebaut.

Beschreibung: Das einjährige Kraut entwickelt aus einer stark verzweigten Wurzel 20—30 cm hohe buschigverzweigte, zähe und kurzbehaarte Stengel, an denen kaum gestielte schmale, ganzrandige und kurzbehaarte dunkelgrüne Blättchen sitzen, die wie der noch junge Stengelteil Öldrüsen haben. Die vom Juli bis in den Oktober hinein blühenden wei-

ßen, rosa bis zart violetten Blüten bilden in den oberen Blattachseln Scheinähren.

Drogen: blühendes Kraut — Herba Saturejae

Inhaltsstoffe: Etwa 2 % ätherisches Öl und 4—8 % Gerbstoff

Anwendung: In der Volksheilkunde und in der Homöopathie ist Bohnenkraut als Heilmittel gegen Durchfall, Koliken und Störungen im Verdauungstrakt bekannt. Für Bohnen und andere Hülsenfrüchte, aber auch für verschiedene Kohlsorten, wird es als Gewürz gebraucht, weil es die blähende Wirkung dieser Gemüse beseitigt. Auch beim Wurstmachen und für Fleischgerichte findet es Verwendung.

Boretsch
Borago officinalis

Volkstümliche Namen: Blauhimmelsstern, Burisblüten, Gurkenkönigsblüten, Gurkenkraut, Herzblüten, Herzfreude, Liebäuglein, Wohlgemutsblume
Familie: Boraginaceae — Rauhhaargewächse
Vorkommen: Im Mittelmeergebiet beheimatet, wird Boretsch bei uns meist in Gärten gezogen. Manchmal findet er sich auch verwildert auf Schuttplätzen und auf feuchtem, humusreichem Boden.

Beschreibung: Das einjährige rauhhaarige Kraut entfaltet im Sommer sein üppiges Blattwerk und die strahlend blauen Blüten, die sich beim Erblühen schwer der Erde zuneigen. Das rasche, kräftige Wachstum wendet sich mit Blättern und Blüten der Erdenschwere zu, sichtbar in der allgemeinen Neigung nach unten.
Drogen: Boretschblätter — Folia boraginis, Boretschblüten — Flores boraginis
Inhaltsstoffe: Ätherisches Öl in Spuren, Schleimstoffe, Gerbsäure, Saponine, Kieselsäure, apfelsaurer Kalk und Kaliumnitrat.
Anwendung: Die Blüten wirken herzstärkend. Bei Schleimhautentzündungen, Venenentzündungen und Blutwallungen während der Wechseljahre wendet man die Pflanze gern an. Am besten ist sie roh und kleingehackt Gemüsesalaten beizumischen. Für die Teezubereitung nimmt man 1 Teelöffel des getrockneten Krautes, das man mit 1 Tasse kochenden Wassers überbrüht.

Breitwegerich
Plantago major

Volkstümliche Namen: Gemeiner Wegerich, Großer Wegerich, Hitzblätter, Nervenkraut, Schafszunge, Siebennerv, Vogelbetzen
Familie: Plantaginaceae — Wegerichgewächse
Vorkommen: Auf der ganzen Welt ist Wegerich heute an Straßen und Wegrändern, auf Wiesen und Äckern verbreitet.
Beschreibung: Wer kennt nicht die zwischen Pflastersteinen und auf hart getretenen Wegen überall wachsenden Blattrosetten, die sich so an den Boden schmiegen, daß sie nach dem Herausreißen sogar

noch nach unten streben. Aus dieser Rosette breiter Blätter, die von sieben Blattnerven durchzogen sind, wächst in der Mitte eine lange Blütenähre, die erst bei näherem Betrachten ihre ganze Schönheit offenbart. Der Wegerich folgt den Menschen in alle Gegenden der Erde.

a) Blüte vergr.

Seine kleinen Samen sind von einer gallertartigen Hülle umgeben, mit der sie bei feuchtem Wetter an den Schuhen haften bleiben, worin wohl das Geheimnis ihrer Verbreitung liegt. Indianer nannten den Wegerich deshalb auch »Fußtritte der Europäer«.

Drogen: Blätter — Folia Plantaginis majoris

Inhaltsstoffe: Gerbsäure, Bitterstoff und Schleim

Anwendung: Alter Brauch ist es, zerquetschte Wegerichblätter auf frische Wunden zu legen. Bei Hautabschürfungen wirken sie kühlend und lindernd.

Innerlich gibt man Wegerich als Tee (2—4 g mit einer Tasse kochenden Wassers überbrühen oder auch leicht abkochen). Er hilft bei schleimigem Lungenkatarrh, Wechselfieber, Hämorrhoiden, Blut- und Schleimflüssen und Geschwüren.

Brennessel
Urtica urens und dioica

Volkstümliche Namen: Estekraut, Esselkraut, Habernessel, Heiternessel, Scharfnessel, Tausendnessel

Familie: Urticaceae — Nesselgewächse

Vorkommen: Überall zu finden

Beschreibung: Bei uns wachsen zweierlei Brennesseln, die kleine oder scharf brennende Nessel (Urtica urens) mit kräftig grünen, scharf gesägten Blättern, die Staubblüten sowie Stempel auf ein und derselben Pflanze trägt. Die große und zweihäusige Nessel (Urtica dioca) zeigt mehr graugrüne Blätter und hat auf der einen Pflanze lang hängende Blütenstände mit Staubblüten, während die andere nur Stempelblüten aufweist. Sie brennen nicht so scharf wie die erste Art und kommen auch in einer kaum brennenden Abart vor.

Drogen: Blätter — Folia Urticae, Kraut — Herba Urticae, Wurzel — Radix Urticae, Samen — Semen Urticae

Inhaltsstoffe: Viel Gerbstoff, Lezithin, hautreizendes Glycosid, sehr viel Chlorophyll, verhältnismäßig viel Eisen, Kieselsäure, reich an Kalk, Kalium, Phosphor, Schwefel, Chlor, Natrium, Vitaminen A, B und C.

a) Pflanze mit Stempelblüten
b) Pflanze mit Staubblüten
c) Knospe einer Staubblüte
d) Staubblüte
e) Stempelblüte

Anwendung: Durch ihren großen Reichtum an Eisen und Chlorophyll ist die Brennessel besonders blutbildend. Sie wirkt auch blutstillend und blutreinigend, schleimlösend, auswurffördernd und wassertreibend. Man gibt sie innerlich bei Verschleimung von Brust und Lunge, Blutbrechen, Bluthusten, Blutharn, Hautausschlägen und Entzündungen der Harnwege als Tee (2–4 g Blätter und Kraut mit 1 Tasse kochenden Wassers überbrüht) oder auch die

Wurzel als leichte Abkochung. Frische junge Brennesseln werden kleingehackt unter Quark oder Salat gemengt. Die jungen Nesseln brennen noch nicht. Damit kann man eine Frühjahrskur machen.
Äußerlich ist Brennesselsaft ein gutes Haarwuchsmittel.

Brombeere
Rubus fruticosus

Volkstümliche Namen: Bromerbeeren, Feldschwarzbeeren, Kratzbeeren, Schwarze Haubeeren.
Familie: Rosaceae – Rosenblütler
Vorkommen: In ganz Europa gibt es Brombeeren in verschiedenen Arten an Hängen, Wald- und Feldrändern, auf Kahlschlägen.
Beschreibung: Jeder kennt die an Wegen rankenden Brombeersträucher, die besonders im Herbst, wenn die Früchte reif sind, Aufmerksamkeit erregen. Das, was der Laie für gewöhnlich als Frucht ansieht, ist ein ganzes Häufchen kleiner, kugeliger, fleischiger Früchtchen, die sich auf dem kegelförmigen Fruchtboden anordnen. Auch kennt der Spaziergänger meist nur eine Art, dabei haben Botaniker allein in Deutschland 300 Arten gezählt. Unterscheiden sollten wir neben der Himbeere (Rubus idaeus) wenigstens zwei Brombeerarten, den Strauch mit den langen, roten Gerten und den glänzend schwarzen Früchten (Rubus fruticosus) und die auf Äckern, Wiesen und Brachland vorkommende Ackerbrombeere (Rubus caesius), die blaubereifte Früchte hat, weni-

ger stachlig ist und am Boden kriecht.

Bei den Rubusarten sind eigentlich nur die Wurzelstöcke ausdauernd. Im Frühling schlagen sie aus und haben zwei verschiedene Zweigarten. Die einen sind fruchtbar, haben dreigliedrige Blätter und tragen die rosa Blüten, später die Früchte und sterben im Herbst ab, während die anderen fünffach gefiederte Blätter haben, ein Jahr lang unfruchtbar

sind und erst, wenn sie den Winter überdauert haben, Blüten tragen.

Eine andere Eigentümlichkeit ist, daß die unfruchtbaren Zweige sich zur Erde biegen, bis sie den Boden erreicht haben, und dann Wurzeln schlagen. Stecklinge anderer Pflanzen treiben nur selten Wurzeln, wenn man sie verkehrt herum in die Erde steckt, und falls sie Wurzeln treiben, stirbt die Pflanze bald ab. Die durch doppeltes Festwachsen gebildeten Brombeerbögen führten in früheren Zeiten besonders in England zu der »Brombeerkur« (bramblecure). Kranke krochen durch die Bögen, weil sie glaubten, daß der Brombeerstrauch die Krankheit abstreifen und für sich behalten würde.

Drogen: Blätter — Folia Rubi fruticosi, Brombeere — Fructus Rubi fruticosi

Inhaltsstoffe: Gerbstoffe, Spuren von Salzen, Bernstein-, Apfel- und Zitronensäure, Flavon, Vitamin C

Anwendung: Brombeerblätter wurden früher äußerlich als Gurgelwasser bei Halsschmerzen, Mandelentzündungen und Zahnfleischerkrankungen (25 g mit $1/2$ l kochendem Wasser überbrühen) benutzt. Heute verwendet man den Tee (1 Teelöffel mit 1 Tasse kochendem Wasser überbrühen) fast nur noch innerlich bei leichten Durchfällen und den Aufguß fermentierter Blätter als Ersatz für chinesischen Tee. Brombeersaft wird als fiebersenkendes Mittel genommen.

ganze Rasen von Brunnenkresse bilden.

Beschreibung: Von Blattknoten zu Blattknoten entwickelt sich diese blatt- und sproßhafte Pflanze gleichsam weiterfließend mit dem Wasser, bereits in einer Zeit, wenn die Bäche kein Eis mehr haben, aber noch Schnee auf den Feldern liegt. Ihre Blätter sind rundlich, eiförmig und zu Fiedern zusammengesetzt. Im

Frühsommer erheben sich lockere Blütentrauben, deren weiße Blüten sich selbst bestäuben. Später jedoch vermehrt sich die Pflanze durch die bewurzelte Blattscheide.

Drogen: Kraut — Herba Nasturtii

Inhaltsstoffe: schwefelartiges ätherisches Öl, Senfölglykoside, Bitterstoff, viel Vitamin C, etwas Jod

Anwendung: Brunnenkresse wird vor allem zu Frühjahrskuren benutzt, zur Anregung des Stoffwechsels, des Gallenflusses, zur Festigung locke-

Brunnenkresse
Nasturtium officinale

Volkstümliche Namen: Bachkresse, Bornkresse, Quellenrauch, Wasserkresse, Wasserlauchkraut, Wassersenf, Wiesenkresse, Weiße Kresse

Familie: Cruciferae — Kreuzblütler

Vorkommen: In ganz Europa finden wir Brunnenkresse in klaren Bächen, an flachen Ufern, Quellen und auch auf nassen Wiesen. Es können sich metertief unter dem Wasserspiegel

rer Zähne, bei Rheuma, bei Ekzemen, Akne und als wassertreibendes Mittel. Am besten ißt man die kleingehackte Pflanze unter Salat gemengt.

Dill
Anethum graveolens

Volkstümliche Namen: Dillsamen, Dillscheiben
Familie: Umbelliferae — Doldengewächse
Vorkommen: Die Heimat des Dill ist Vorderasien. Ägyptern und Juden war er schon als Gewürz- und Heilpflanze bekannt. Wahrscheinlich

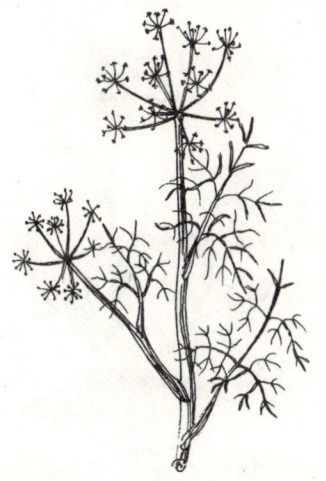

brachten ihn die ersten Mönche nach Mitteleuropa. Heute wird Dill überall in Gärten angebaut, aber auch verwildert kommt er vor.

Beschreibung: Die einjährige Pflanze hat eine spindelförmige Wurzel und wächst rasch zu 50 bis 125 cm Höhe heran. Die Blätter sind luftig gefiedert. An den Stengelenden wölben sich große, reichstrahlige Dolden und Döldchen mit gelben Blüten.
Drogen: Früchte — Fructus Anethi
Inhaltsstoffe: 2,5—4 % ätherisches Öl als wichtigsten Bestandteil und bis zu 18 % fettes Öl.
Anwendung: Mit Dill würzt man Soßen, Fischgerichte, Salate und Gurken. In der Heilkunde verwendet man dieses Kraut zur Förderung der Milchbildung bei stillenden Frauen. Es eröffnet Diurese und Menstruation und ist außerdem blähungstreibend und krampflösend.

Eberesche
Sorbus aucuparia

Volkstümliche Namen: Eibschen, Drosselbeere, Kronawetterbeere, Quitschbeere, Vogelbeere, Zippenbeere
Familie: Rosaceae — Rosenblütler
Vorkommen: In ganz Europa und im nordwestlichen Asien ist die Eberesche verbreitet, teils als Alleebaum, teils in Wäldern und oft auch einzeln stehend.
Beschreibung: Die Eberesche hat paarweise gefiederte Blätter. An einem Stiel sitzen zehn bis achtzehn und eines an der Spitze. Sie sind schmal und scharf gezähnt, oben nur wenig, unten stärker behaart. Die weißen Blüten sitzen in breiten Schirmtrauben am Ende reich be-

blätterter Zweige. Die volle Pracht entfaltet die Eberesche aber erst im Sommer, wenn die korallroten Beeren aus dem Grün der Blätter leuchten.

a) Blüte
b) Stempel + Stempelgefäße vergr.
c) Früchte

Drogen: Vogelbeere — Fructus Sorbi aucupariae
Inhaltsstoffe: Zucker, Apfelsäure, Sorbin, Parasorbinsäure, Gerbstoff, Wachs, ätherisches Öl, Anthozyan, Karotin, viel Vitamin C. Geringe Mengen von Blausäure verschwinden beim Kochen.
Anwendung: Die Vogelbeere gibt man als Mus bei Magenverstimmungen, Rheuma und Stauungen im Pfortadergebiet bei Hämorrhoiden. Auch bei Darmkatarrh und Durchfall hilft sie.

Edelweiß
Leontopodium alpinum

Volkstümliche Namen: Löwenpfötchen
Familie: Compositae — Korbblütler
Vorkommen: In den Hochgebirgsregionen von den Pyrenäen über die Alpen bis nach Ostasien hinein ist diese begehrte Pflanze auf kalkhaltigen Böden verbreitet.
Beschreibung: Zwischen Felsen und Geröll tasten die vielen Fasern des Wurzelstocks nach jedem Krümchen Boden die Umgebung ab, damit sich an fingerlangem Sproß mit nadelschmalen, wollig-weichen Blättchen, die mit ihrem weißen Filz den Morgentau festhalten, die wunderbare

»Blüte« entwickeln kann. Das, was wir allgemein als »Blüte« ansehen, besteht aus mehreren zartgelben Blütenkörbchen, die wie Staubgefäße und Stengel anmuten, umgeben von einer Hochblattrosette weißfilzig behaarter, zu spitzen Dreiecken geformter Blätter. Jedes einzelne Blütenkörbchen hat innen männliche und außen weibliche Röhrenblüten. Hier tritt ein Phänomen auf. Wir kennen Blüten erster Ordnung, die einfachen Blüten. Korbblüten, die zu einer Einheit harmonisch zusammengefügten Röhren- und Strahlenblüten, sind solche höherer Ordnung oder Potenz. Das auf den Gipfeln der Berge blühende Edelweiß ist danach eine Pflanze höchster Ordnung, als wollte sie ihrem Standort gerecht werden.

Drogen: Blüten — Flores Leontopodii

Inhaltsstoffe: ein erst kürzlich entdecktes giftiges Glykosid

Anwendung: Diese Heilpflanze wird in der Homöopathie gegen Otosklerose eingesetzt.

Ehrenpreis
Veronica officinalis

Volkstümliche Namen: Allerweltsheilkraut, Frauenlist, Grundheilkraut, Köhlerkraut, Kommwiederkraut, Männertreu, Veronikakraut, Wundheilkraut
Familie: Scrophulariaceae — Rachenblütler
Vorkommen: Ehrenpreis wächst fast überall in Europa auf trockenen Böden (auf Abhängen, Triften und in lichten Nadelwäldern).
Beschreibung: Unser gebräuchlicher Ehrenpreis hat einen am Boden kriechenden behaarten Stengel mit

ebenso behaarten gegenständigen Blättern, aus deren Winkel die hell- oder auch kräftig blauen Blütentrauben sprießen. Der Endsproß trägt bei fast allen Ehrenpreisarten keine Blüten.

a) Blüte
b) Kapsel

Drogen: Kraut — Herba Veronicae
Inhaltsstoffe: Bitterstoff, Gerbstoff, ätherisches Öl, Saponine
Anwendung: In der Volksheilkunde wurde Ehrenpreistee (3—4 g werden mit 1 Tasse kochenden Wassers überbrüht und nach 5 Minuten abgeseiht) schon immer als Universalmittel bei Leber-, Magen- und Darmleiden verabreicht, aber auch bei Rheuma, Gicht, Bronchialkatarrh und Blasenkatarrh wird er empfohlen. Bei Hautleiden ist der Frischsaft aus Ehrenpreiskraut empfehlenswert.

Eibisch
Althaea officinalis

Eibisch
Althaea officinalis

Volkstümliche Namen: Adewurzel, Driantenwurzel, Flußkraut, Heimischwurzel, Heilwurzel, Samtpappel, Schleimwurzel, Weiße Pappel
Familie: Malvaceae — Malvengewächse
Vorkommen: In Europa wächst Eibisch auf salzhaltigen Böden, z. B. am Meeresstrand und auf feuchten Wiesen, an Flüssen und Binnenseen, die einen geringen Salzgehalt aufweisen. In vielen Gegenden wird Eibisch angebaut, bei uns hauptsächlich im Frankenland.
Beschreibung: Aus der fleischigen Wurzel steigt ein aufrechter, filziger Stengel empor, dessen breit eiförmige, gesägte und schwach dreilappige Blätter mit einem weichen Seidenflaum überzogen sind. Die Blüten sind rosa, ihre Staubbeutel violett.
Drogen: Eibischblüten — Flores Althaeae, Blätter — Folia Althaeae, Wurzel — Radix Althaeae
Inhaltsstoffe: Schleim, Zucker, fettes Öl, etwas ätherisches Öl, Stärke, Pektin, Phytosterin, Asparagin, Lezithin, Enzyme, Gerbstoff, Apfelsäure, Phosphor.
Anwendung: Eibisch ist das Heilmittel bei Husten, Heiserkeit, Bronchial- und Luftröhrenkatarrh und nicht nur für Erwachsene, sondern auch für Kleinkinder sehr geeignet. In vielen fertig gemischten Hustentees finden wir Eibisch, in Hustenbonbons und Mundwasser. Man bereitet selbst einen Tee aus Blüten, Blättern oder Wurzeln, indem man auf 2—5 g 1 Tasse kochenden Wassers gießt. Die Wurzeln (1 Teil auf 10 Teile Wasser) eignen sich auch zur Bereitung eines kalten Auszuges, den man bei öfterem Umrühren 1 1/2 Stunden ziehen lassen muß.
Aber auch auf die Schleimhäute des Verdauungstraktes, bei Koliken und selbst bei Ruhr übt Eibischtee eine gute Wirkung aus.

Eiche
Quercum petraea (Steineiche)

Volkstümliche Namen: Buscheiche, Mühleiche, Bergeiche, Heherbaum, Eichelbaum
Familie: Fagaceae — Buchengewächse
Vorkommen: Die Eiche finden wir in all ihren Spielarten in Europa, Nordafrika, Kleinasien und auf dem Kaukasus.
Beschreibung: Die Eiche sucht sich gern einen Platz, den sie nur mit wenigen ihrer Artgenossen oder mit anderen Baumarten teilt, denn ihre große Lebenskraft braucht Raum. Sie ist der König unter den Bäumen. Mit ihrer mächtigen Krone überragt sie die anderen, und während diese nach Jahrzehnten oder Jahrhunderten gezählt werden, überdauert die Eiche Jahrtausende. Den Griechen, Kelten und den Germanen war die Eiche heilig. Erstere benannten die Nymphen des Waldes, die Dryaden, nach ihr und auch der Name des keltischen Priesters, des Druiden, geht auf den griechischen Namen der Eiche (Drys) zurück.
In Deutschland ist vor allen anderen

Sorten die Winter- oder Steineiche (Quercum petraea) zu Hause mit langen hängenden Staubblüten und sitzenden Stempelblüten und Früchten. Die Sommer- oder Stieleiche (Quercum Robur) hat Stempelblüten an Stielen, die sich bis zur Fruchtreife erheblich verlängern und von denen die Stieleiche ihren Namen hat.

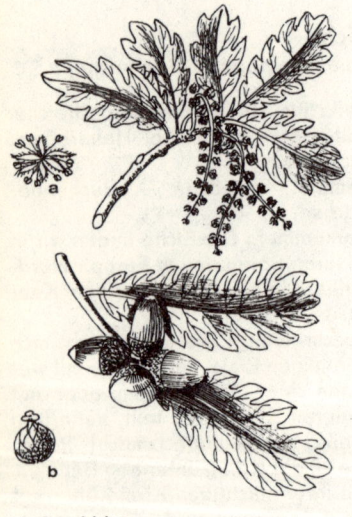

a) Staubblüte
b) Stempelblüte

Drogen: Eichenrinde — Cortex Quercus, Eicheln — Glandes Quercus
Inhaltsstoffe: Die Rinde enthält Eichengerbsäure, Ellagsäure, Gallussäure, Phlobaphen, Quercin, Quercit, Zucker, Pektin und Stärke. In den Eicheln ist Quercin, Quercit, Zitronensäure und fettes Öl vorhanden.

Anwendung: Eichenrinde (1—5 g werden mit 1 Tasse kochenden Wassers überbrüht und nach 5 Min. abgeseiht, oder man läßt den Absud kurz aufkochen) wirkt adstringierend und kräftigend auf die Schleimhäute des Magen- und Darmtraktes. I n n e r l i c h e Gaben sind auch ein gutes Mittel bei Pilzvergiftungen, Magen- und Darmblutungen und chronischen Durchfällen. Aus gerösteten Eicheln wird ein Kaffee bereitet, der bei Durchfällen der Kinder nützlich ist.
Ä u ß e r l i c h benutzt man die Abkochung bei Ausschlägen, Ekzemen und zu Umschlägen. Eichenlohe ist ein Badezusatz.

Einbeere
Paris quadrifolia

Volkstümliche Namen: Wolfsbeere, Wolfsbesinge
Familie: Liliaceae — Liliengewächse
Vorkommen: Im humusreichen, feuchten Buchenwald und im Erlengrund kriecht langsam der gegliederte Wurzelstock, bis er an seinem Ende im Frühling einen Sproß senkrecht emporschickt, der unten kahl, erst kurz vor der Blütenbildung vier Laubblätter, in einem Quirl zusammengedrängt, entwickelt. Von der heiligen Vier wird bei dieser Pflanze nie abgewichen. Auf dem kurzen Stiel über den vier Blättern ensteht im Mai die gelbgrünliche Blüte mit vier Kelchblättern, vier Blütenblättern, vier äußeren und vier inneren Staubgefäßen, vier Narben und vier Fruchtfächern mit viermal zwei Sa-

men. Die Blüte ist sehr langlebig und bildet eine schwarze, glänzend kirschgroße Frucht. Vor dieser Beere muß man die Kinder warnen. Sie ist wie die ganze Pflanze sehr giftig.

Inhaltsstoffe: In allen Teilen enthält die Einbeere Saponine (Paridin und Paristyphnin).

Anwendung: Gegen entzündliche Vorgänge der Augen, gegen Brandigwerden von Geschwüren im Kopfgebiet, Neuralgien, Schwindel und Nackenschmerzen wird diese Pflanze in der Homöopathie verwendet.

Eisenhut

Aconitum napellus

Volkstümliche Namen: Kütschler, Sturmhut, Venuskutsche
Familie: Ranunculaceae — Hahnenfußgewächse

Vorkommen: Der blaue Eisenhut wächst in Gebirgen Mittel- und Südeuropas, vorwiegend jedoch im Hochgebirge.

Beschreibung: Aus einer ausdauernden, rübenartigen Wurzel (Napellus = das Rübchen) steigt ein gerader, bis zu 1,20 m hoher Stengel auf, an dem unpaarig fünfteilige Blätter sitzen, deren Teile in immer schmalere Zipfel gegliedert sind. Lang und gerade streckt sich die blauviolette Blütentraube dem Licht entgegen. Bei den fünf ungleichen Blütenblättern bildet das obere den sogenannten Helm, in dessen Höhlung die beiden langgestielten Honigblätter sitzen wie bewacht von zahl-

reichen Staubgefäßen, die auf jeden Fall von den nektarsuchenden Bienen gestreift werden.
Drogen: Wurzel — Radix Aconiti, auch Tubera Aconiti

Internationale Bezeichnung — Aconiti tuber

Inhaltsstoffe: Stärkemehl, Alkaloide (Akonitin und Napellin). Diese Alkaloide sind stark giftig.

Anwendung: Für die Heilkunde werden am Ende der Blütezeit die neujährigen, etwa 6 g schweren Tochterknollen gesammelt. Sie sind gegen Rheuma, Gicht, Grippe, Nervenentzündungen und auch gegen Lungenentzündungen wirksam. Aconitin ist eine der giftigsten Substanzen im Pflanzenreich und darf deshalb nur vom Arzt verordnet werden. Der freie Verkauf ist wegen der Giftigkeit verboten.

Eisenkraut
Verbena officinalis

Volkstümliche Namen: Druidenkraut, Eisenherzkraut, Eiserichkraut, Hahnenkopfkraut, Isenhartkraut, Katzenblutkraut, Merkurblutkraut, Richardskraut, Sagenkraut, Taubenkraut

Familie: Verbenaceae — Eisenkrautgewächse

Vorkommen: Eisenkraut wächst in ganz Europa an Wegrändern, Mauern und Zäunen, mit Vorliebe auf Dörfern. Es darf nicht vom Namen her mit Eiskraut (Herba Mesembryanthemi), einer ausländischen Droge, verwechselt werden.

Beschreibung: Im Herbst mischt sich unter die anderen Pflanzen an Dorfzäunen ein eigentümliches und unscheinbares Gewächs, das Eisenkraut. Es steht mit seinen 30—60 cm Höhe starr und aufrecht da, hat gegenüberstehende, dreispaltige, gezähnte Blätter und kleine, lilafarbene Blüten an dünnen, ebenfalls aufrechten Ähren, welche die Enden des Hauptstengels und der genauso starren Seitenäste bilden. Diese

Zauberpflanze der Druiden, deren Bedeutung uns heute nicht erkennbar ist, hat sehr ähnliche Blüten wie die Labiaten, doch wenn man genauer hinschaut, unterscheiden sie sich von diesen dadurch, daß der Griffel die Samenfächer nicht voneinander trennt, sondern sich erst von ihrem Gipfel erhebt. Das Eisenkraut ist der einzige deutsche Vertreter der Verbenaceen, während es in wärmeren Ländern sogar hohe Bäume unter ihnen gibt.

Drogen: Kraut — Herba Verbenae

Inhaltsstoffe: Bitterstoff, eisengrünender Gerbstoff, Glykosid, Verbanalin, Invertin, Emulin, Schleim

Engelsüß
Polypodium vulgare

Anwendung: Verbena war im Altertum Universalheilmittel. Heute verwendet man es als harn- und schweißtreibendes Mittel bei Rheuma und chronischer Bronchitis. Alte Kräuterbücher empfehlen es bei Migräne, da es die Tätigkeit von Leber und Nieren, dieser großen Ausscheidungsorgane, anregt.

Engelsüß
Polypodium vulgare
(Abbildung auf Seite 57)

Volkstümliche Namen: Baumfarn, Eichenfarn, Erdfarn, Hirschfarn, Korallenwurzel, Roßfarn, Steinfarn, Süße Engelwurzel, Süße Farnwurzel, Tüpfelfarn

Familie: Abteilung Kryptogamae — Sporenpflanzen, Polypodiaceae — Tüpfelfarne

Vorkommen: Engelsüß gedeiht in Europa in Felsspalten, an alten Mauern, in Ruinen und in schattigen Wäldern.

Beschreibung: Aus einem dicken, verholzten, kriechenden Wurzelstock sprießen eingerollte, hellgrüne Blätter, die sich allmählich zu majestätischen Wedeln entfalten. Diese einfach gefiederten Blätter, die sogar den Winter überdauern, haben auf der Unterseite in zwei Reihen angeordnete goldgelbe Blüten.

Drogen: Wurzelstock — Rhizoma Polypodii

Inhaltsstoffe: Gerbstoff, reichlich Schleim, Zucker, Harz, fette Öle, Glyzyrrhizin

Anwendung: Der Tee aus 4—10 g der zerkleinerten Wurzel darf nur überbrüht werden, weil beim Kochen

das Glyzyrrhizin zerstört wird. Er wird bei Erkrankungen der Luftwege, besonders bei katarrhalischem Husten und Bronchitis gebraucht. Aber auch andere Krankheiten wie Gicht, Drüsenschwellungen, chronische Stuhlverstopfung sowie Milz- und Leberleiden beeinflußt Tüpfelfarn günstig.

Enzian (gelber)
Gentiana lutea

Volkstümliche Namen: Alpenenzian, Bitterwurz, Bergfieberwurzel, Himmelsstengel, Kreuzwurz, Madelgeere, Speerstich

Familie: Gentianaceae — Enziangewächse

Vorkommen: Gelber Enzian wächst bei uns vorwiegend in den Alpen bis zu einer Höhe von 2500 m, ferner in den Voralpen, im Schwarzwald und auf der Rauhen Alb. Er ist in ganz Mittel- und Südeuropa bis nach Kleinasien hinein in den Gebirgen zu Hause.

Beschreibung: Der gelbe Enzian wird vor allem von Wurzelprozessen beherrscht. Eine tief in den Boden greifende, Jahrzehnte ausdauernde kräftige Wurzel wird von einer krautähnlichen Blattrosette, die im Frühling treibt, mit oberirdischen Kräften gespeist. Erst nach sieben Jahren ändert sich das Bild: Gerade hinauf strebt ein kraftvoller Stengel, der paarweise die eiförmigen Blätter mitnimmt. Abschnitt für Abschnitt geht es so empor, bis im oberen Drittel kleiner werdende Blätter wie hohle Hände goldgelbe Blüten um-

schließen, die rings um den Knoten als Trugdolde sitzen.

Drogen: Wurzel — Radix Gentianae

Inhaltsstoffe: bis zu 3,5 % Bitterstoffglykosid, eine besondere Zuckerart, die Gentianose, die nur in Enziangewächsen vorkommt, Reichtum an fettem Öl, Mineralsalze

Anwendung: Äußerlich wird ein Absud der Enzianwurzel schon immer von Gebirgsbauern als stärkendes Fußbad und zu Umschlägen auf schlecht heilende, auch eitrige Wunden gebraucht.

Viel bedeutender ist jedoch die innere Anwendung. Bei Sodbrennen, Magenbeschwerden, Appetitlosigkeit, Übelkeit und Darmträgheit wirkt der Tee (2—3 g werden mit 2 Tassen Wasser 5 Min. lang gesiedet), vor dem Essen getrunken, anregend bis in die gesamten Stoffwechselvorgänge. Auch Gicht und Rheuma werden günstig beeinflußt. Bei allen Schwächezuständen wird er ärztlich empfohlen. Nicht angebracht ist Enzian dagegen bei erhöhter Reizbarkeit, Neigung zu Wallungen, Blutstauungen und Blutungen. Menschen, die zu Kopfschmerzen neigen, sollten Enzian meiden.

Erdbeere
Fragaria vesca

Volkstümliche Namen: Baschierbeere, Erbelkraut, Grasbeere, Knackbeere, Majassenblätter, Rotbeere

Familie: Rosaceae—Rosengewächse

Vorkommen: In Mittel- und Südeuropa sind Walderdbeeren an sonnigen Stellen in den Wäldern weit verbreitet.

Beschreibung: Wer kennt nicht unsere kleine Walderdbeere, die an Böschungen, Waldrändern, auf Kahlschlägen und in neuen Schonungen ihre weißen Blütenköpfchen aus dem Gras steckt? »Die kleine Duftende und Eßbare« — nannten sie schon die Römer zur Zeit Vergils, Ovids und Plinius, aber noch bedeutender muß sie unseren nördlicheren Vorfahren gewesen sein, als diese noch ihre Nahrung sammelten. Sie schrieben denn auch der Walderdbeere allerlei Wirkungen gegen Dämonen zu und verwendeten sie nicht nur als Nahrungsmittel, sondern auch als Heilpflanze ausgiebig.

Unsere Gartenerdbeere stammt von größeren amerikanischen Arten und hat längst nicht den Duft unserer

einheimischen Walderdbeeren. Nur die Monatserdbeere hat sich aus der Walderdbeere entwickelt.

Drogen: Kraut — Herba Fragariae, Frucht — Fructus Fragariae

Inhaltsstoffe: Das Kraut enthält Gerbstoff, etwas Schleim, Zucker und Säuren. Die Beeren sind reich an Mineralstoffen, wie Eisen, Natrium, Kalium, Kalzium und Phosphor. Sie haben einen reichen Basenüberschuß und viel Vitamin C.

Anwendung: Ein Tee (1 Teelöffel der Blätter wird mit 1 Tasse kochenden Wassers überbrüht) wird bei leichten Durchfällen von Kindern gegeben und auch bei Gelbsucht empfohlen. Der Tee wirkt außerdem blutreinigend und harntreibend.

Der Botaniker Linné schrieb, daß er seine Gicht durch frische Walderdbeeren kuriert hat, was wohl auf den großen Basenreichtum zurückzuführen ist. Walderdbeeren als Nachspeise bei der üblichen Mangelkost sind wegen ihres großen Gehaltes an Mineralstoffen und Vitamin C ein guter Ausgleich. Sie sind angebracht bei Kreislaufstörungen, Nervenschwäche und bei Nieren- und Blasenleiden.

Esche

Fraxinus excelsior

Volkstümliche Namen: Asche, Agselpelter, Geisbaum, Wundbaum, Zitterpappel

Familie: Oleaceae — Ölbaumgewächse

Vorkommen: In ganz Europa wächst die Esche an Bachrändern und Flußufern, auf Dorfplätzen und angepflanzt in Parks und an Alleen und Straßenrändern.

a) Blüte
b) Frucht

Beschreibung: Der hochragende Baum mit seinem glatten, graubraunen Stamm und der von Licht durchfluteten Krone zeigt bei jedem Windhauch ein Spiel von hellem Grün, das im Sonnenschein von der Unterseite erglänzt. Die großen, gegenständigen Blätter sind unpaarig gefiedert, die Blüten bilden ein Büschel von Staubgefäßen, während später die Früchtchen in lockeren Trauben herabhängen.

Drogen: Blätter — Folia Fraxini, Rinde — Cortex Fraxini

Inhaltsstoffe: Inosit, Mannit, Dextrose, Quercitrin, Apfel- und Gerbsäure, Gummi, ätherisches Öl.

Anwendung: 1 Teelöffel der getrockneten Blätter wird mit 1 Tasse kochenden Wassers überbrüht oder kurz aufgekocht. Dieser Tee wird i n n e r l i c h als eröffnendes und harntreibendes Mittel bei wassersüchtigen Ansammlungen, Gicht und Rheuma verabreicht. Die Eschenrinde wird als Mittel gegen Fieber, gegen Würmer und als Tonikum in einer Abkochung von 10 Teilen Rinde auf 200 Teile Wasser gegeben.

Färberginster
Genista tinctoria

Volkstümliche Namen: Brahmkraut, Färberpfriemen, Färberscharte, Gelbe Scharte, Gilbkraut, Grünholz,

Glanse, Haidenschmuck, Mägdekrieg, Rohrhaide, Schachkraut, Scharte

Familie: Leguminosae — Hülsenfrüchtler
Vorkommen: Der Strauch wächst in ganz Europa auf kargen, kalkhaltigen Sandböden, auf der Heide und in Eichen- und Föhrenwäldern.
Beschreibung: Aus einer starken Pfahlwurzel drängen besenartige Ruten ans Licht mit schmalen, weichen und dunkelgrünen Blättern locker besetzt. In langen Traubenrispen brechen im Sommer leuchtendgelbe Blüten an den Enden hervor, die den ganzen Strauch überfluten.
Drogen: Kraut mit Blüten — Herba Genista tinctoriae cum floribus, Samen — Semen Genista tinctoriae
Inhaltsstoffe: Gelber Farbstoff, Fett, Zucker, Wachs, Schleim, Gerbstoff, ein festes ätherisches Öl
Anwendung: Die Wirkung der Pflanze betrifft vor allem das Stoffwechselgebiet. Leber, Milz, Niere und Blase werden günstig beeinflußt. Der Samen führt stark ab.

Färberröte
Rubia tinctorum

Volkstümliche Namen: Färberkrapp, Gandewurzel, Lidwurzel, Röthe
Familie: Rubiaceae — Rötegewächse
Vorkommen: Vom Altertum bis ins 19. Jahrhundert hinein wurde die Pflanze als wichtiger Farbstofflieferant angebaut. Erst die synthetische Herstellung seines Farbstoffes, des Alizarinrots, ließ die Färberröte von den Äckern verschwinden. Sie ist seit der Zeit verwildert.
Beschreibung: Aus einem meterlan-

gen, kriechenden Wurzelstock erhebt sich eine wuchernde Pflanze mit rauhborstigen Blättern und Stengeln, deren Sprosse gelbgrüne Blüten tragen, denen rote und dann schwarze Beerenfrüchte entstammen. Die Pflanze hat viel Ähnlichkeit mit Labkraut.

Drogen: Wurzel — Radix Rubiae tinctorum

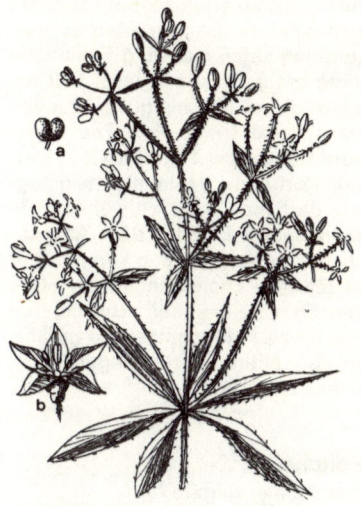

a) Frucht
b) Blüte

Inhaltsstoffe: Verschiedene Zuckerarten, Pektine, fettes Öl, Zitronensäure, Gerbstoff, Farbstoff und großer Gehalt an Mineralstoffen (viel Kalium, 3,8% Natrium, viel Kalk, 6% Magnesium, 2,8% Eisen, 9% Phosphorsäure, 3% Schwefelsäure, 16% Kieselsäure, 13% Chlor).
Anwendung: Die äußerliche Wirkung erstreckt sich auf Geschwüre

der Haut, Hautkrebs, Kehlkopf- und Rachengeschwüre. Man kocht dazu in 1 Tasse Wasser 1—2 g der Wurzel oder macht einen kalten Auszug.
Die innere Anwendung ist erfolgreich bei Erkrankungen der Niere und Blase. Die Steinbildung wird bekämpft, ebenso Entzündungen und Verkrampfungen. Färberröte macht Harn rot und bei längerem Gebrauch auch die Knochen.

Faulbaum
Rhamnus frangula

Volkstümliche Namen: Pulverholz, Schießbeere
Familie: Rhamnaceae — Kreuzdorngewächse
Vorkommen: In feuchten Laubwäldern und Gebüschen wächst im Unterholz überall in Europa dieser baumartige Strauch.
Beschreibung: Dieses 3—6 m hohe Gewächs hat sperrige Äste mit ganzrandigen, breit-elliptischen Blättern, bei denen jede Ader das Blatt rippenähnlich teilt. Aus den unscheinbaren grünlich-weißen Blüten entwickeln sich zuerst rot, später schwarz werdende Steinfrüchte. Das Holz ist leicht zerbrechlich, und die frische Rinde hat einen fauligen Geruch. Die ausgezeichnete Kohle aus diesem Holz wurde früher dazu benutzt, das von dem Franziskanermönch Berthold Schwarz um 1300 neu entdeckte und von den Chinesen schon vorher gebrauchte Schießpulver (75% Salpeter, 15% Holzkohle, 10% Schwefel) herzustellen.
Drogen: Rinde — Cortex Frangulae

Inhaltsstoffe: In der Droge sind als Hauptwirkstoff 6—7 % Glukofrangulin und ein Anthrachinonglykosid enthalten. Daneben kommen noch andere Anthrachinonderivate vor und außerdem Bitterstoffe. Interessant ist, daß die Anthrachinonverbindungen in der frischen Rinde nicht vorhanden sind, sondern sich erst während des Lagerns bilden.

Anwendung: Die Faulbaumrinde ist ein ausgezeichnetes Abführmittel, das milde und anhaltend bei akuter und besonders bei chronischer Verstopfung wirkt. In diesem Zusammenhang beeinflußt es auch die durch Stuhlverhaltung entstehenden Krankheiten günstig. Bei Leberschwellungen und -stauungen, Gallenflußstauungen, Neigung zu Gallensteinbildung, Gallenblasenentzündung, Folgeerscheinungen, die vom Eindringen der Darmgifte in den Organismus herrühren, wie Kopfdruck, Schwindelgefühl und Einschränkung der Denkfähigkeit, wird durch Verabreichung von Faulbaumrinde der Urgrund der Krankheiten entzogen.

Bei akuter Verstopfung nehme man auf 10—15 g Faulbaumrinde 1 Tasse Wasser, setze kalt an und koche kurz auf. Den abgeseihten Tee trinkt man abends. Bei chronischer Verstopfung setze man 15 g Faulbaumrinde mit 2 Tassen Wasser kalt an, lasse diese Mischung 12 Stunden stehen und trinke den Tee angewärmt über den Tag verteilt in kleinen Portionen. Mehr als 15 g täglich darf man nicht verwenden, da dann neben Emodin auch Chrysophansäure zur Wirkung kommt. Diese führt zu choleraähnlichen, blutigen Durchfällen, bei schwangeren Frauen zu Fehlgeburten, zu gefährlichen Nierenentzündungen und selbst zum Tode.

Fenchel
Foeniculum vulgare

Volkstümliche Namen: Brotanis, Brotsamen, Fenikel, Fennisamen, Finchel, Frauenfenchel, Kinderfenkel, Langer Anis

Familie: Umbelliferae — Doldengewächse

Vorkommen: Schon den alten Ägyptern und Griechen war diese Gemüse-, Gewürz- und Heilpflanze bekannt, die im Mittelmeergebiet heimisch ist und heute überall angebaut wird, wo es lange, warme Sommer und einen trockenen Herbst gibt.

Beschreibung: Im ersten Jahr bildet sich aus dem Fenchelsamen nur die Wurzel und am Grund Blattwerk, das allerdings schon reich gefiedert und fadendünn ist. Die breiten Blattscheiden stauen sich und bilden mit ihren zwiebelartigen Verdickungen

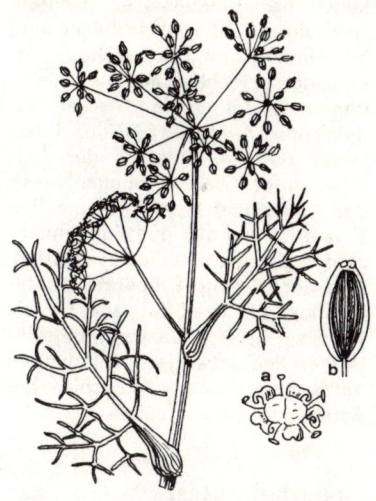

a) Blüte   b) Frucht

das bekannte aromatische Fenchelgemüse. Im nächsten Jahr strahlt die Pflanze mannshoch in den Blütenstand aus: kräftige Dolden und Döldchen in hellem Gelb leuchtend und ohne Hüllblätter. Die Früchte sind groß und von würzigem Geschmack. Die Wurzel gibt ihre Kraft nicht ganz aus und kann mehrjährig werden.

Drogen: Früchte — Fructus Foeniculi, Kraut — Herba Foeniculi, Stroh — Stramentum Foeniculi, Öl — Oleum Foeniculi

Inhaltsstoffe: Die Früchte enthalten 2—6 % ätherisches Öl und ihre Asche 3 % Kieselsäure und 2 % Eisenoxyd. Im ätherischen Öl finden sich 50 bis 60 % Anethol. Weiter enthält Fenchel fettes Öl, Zucker, Stärke, stickstoffhaltige Verbindungen und Mineralstoffe.

Anwendung: Fenchel hat auf den Verdauungstrakt und die Milchdrüsen anregende Wirkung. Seine blähungswidrigen, krampflösenden und schmerzlindernden Eigenschaften machen ihn als Beruhigungsmittel für Kleinkinder in Form von Fenchelhonig (Mel Foeniculi) geeignet. Er fördert auch die Verdauung und die Diurese. Seine schleim- und krampflösende Wirkung ist bei Husten und hartnäckiger Bronchitis hilfreich. Man bereitet für Kinder einen Tee aus 1—1,5 g, für Erwachsene aus 2—4 g der Früchte und 1 Tasse Wasser und läßt diese Mischung kurz aufkochen. Kraut und Stroh (die gemähten, getrockneten und gedroschenen ganzen Pflanzen) verwendet man nur für Umschläge und Bäder.

Fichte
Picea excelsa

Volkstümliche Namen: Rottanne, fälschlich auch Tanne
Familie: Pinaceae — Nadelhölzer
Vorkommen: Überall bildet die Fichte im nördlichen Europa ganze Wälder und wächst in den Bergen bis zur Schneegrenze um 2000 m.

Beschreibung: Die Fichte, dieser wie die Tanne kegelförmige Baum, unterscheidet sich von der letzteren durch den Mangel des Schuppenhöckers und von der Kiefer durch einzeln stehende Blätter oder Nadeln. Diese zeigen im Querschnitt eine rhombische Form, während die Nadeln der Tanne fast flach sind. Die Zapfen der Fichte hängen im Gipfel, die Zapfen der Tanne stehen aufrecht.

a) Zweig mit Staubblüten
b) Zweigspitze mit Stempelblüten
c) Zapfenschuppe mit 2 Samen
d) Zapfen

Drogen: Fichtensprosse — Gemmae Piceae, Öl — Oleum Piceae excelsae oder genau wie Kiefernnadelöl — Oleum Pini silvestris
Inhaltsstoffe: Harz und ätherisches Öl. Im Öl sind Bornylazetat, Pinen und Limonen enthalten.
Anwendung: Fichtensprosse sind als Extrakt ein beliebter Badezusatz, der sehr nervenberuhigend wirkt. Im Handel werden nur wenige echte Fichtennadelextrakte angeboten, die allein die nervenberuhigende Wirkung ausüben. Die meisten sind künstliche Erzeugnisse. Fichtensprossensaft ist sehr schleimlösend bei Husten und Erkrankungen der Luftwege. Fichtennadelöle, unter denen man Öl aus den frischen Nadeln und Zweigspitzen der Edeltanne (Oleum Abietis), der Latschenkiefer (Oleum Pini pumilionis), der Kiefer und Fichte (Oleum Pini silvestris) und aus den Edeltannenzapfen (Oleum templinum) versteht, sind hochwertige Präparate zur Inhalation (1 Teelöffel auf $^1/_2$ bis 1 Tasse heißen Wassers) bei Katarrhen der Luftwege, Entzündungen der Rachenhöhle und Bronchien, bei Asthma und Keuchhusten.

Fingerhut (roter)
Digitalis purpurea

Volkstümliche Namen: Fingerpießen, Fuchsglocken, Giftglocken, Handschuhblume, Klaprause, Marienhandschuh, Teufelsglocken, Rote Totenglocken, Waldschelle
Familie: Scrophulariaceae — Rachenblütler
Vorkommen: In ganz Europa und Asien kommt der rote Fingerhut in den Mittelgebirgen auf Kahlschlägen und steinigen Waldhängen vor. Er bevorzugt Urgestein. In unseren

Gärten kommt eine Sorte vor, deren Blüten größer und weniger behaart sind. Sie hat aber nur annähernd die Hälfte aller Wirkstoffe, die die wildwachsende Pflanze enthält.

Beschreibung: Im Frühling wächst aus einem Wurzelbüschel eine Blattrosette, aus der sich im Sommer der Stengel gerade emporentwickelt. Die großen, rundlichen und runzligen, lanzettförmigen Blätter umstehen ihn in $3/8$-Stellung. Den oberen Teil der etwa 1 m hohen Pflanze bilden die trichterförmigen roten Blüten.

Drogen: Blätter — Folia Digitalis, Extrakt — Extractum Digitalis, Weingeistauszug aus den Blättern — Tinctura Digitalis

Inhaltsstoffe: 2 giftige Glykoside: Digitalin und Digitoxin

Anwendung: In der Volksheilkunde war vermutlich die starke Giftwirkung der Pflanze bekannt, denn sie wurde, soviel wir heute wissen, nur ä u ß e r l i c h bei Kropf- und Drüsengeschwülsten verwandt. Erst im Jahre 1775 fand der englische Arzt Withering in Birmingham, daß der Teeaufguß der Blätter ein ausgezeichnetes Mittel gegen Wassersucht sei. Die Giftigkeit veranlaßte ihn jedoch, das Mittel nur bei armen Leuten zu gebrauchen. Erst das Zureden des Großvaters von Darwin, der einer der berühmtesten Ärzte seiner Zeit war, veranlaßte Withering, auch wohlhabende Leute mit Digitalis zu behandeln, und der Ruf des Heilmittels stieg von Jahr zu Jahr und hält heute noch an. Herzmuskelerschlaffung und Herzklappenfehler werden mit Digitalis behandelt. Die Homöopathie verabreicht Mittel, die Substanzen des Fingerhuts enthalten, bei Kreislaufstörungen, Wasser- und Gelbsucht, Leberleiden, Bauchwassersucht und allen Herzleiden. Digitalis enthält starke Gifte, von denen Digitoxin am stärksten wirkt, deshalb darf es nur vom Arzt verschrieben werden. Schon sehr kleine Gaben können zum Tode führen.

Frauenmantel
Alchemilla vulgaris

Volkstümliche Namen: Alchemistenkraut, Bettlermantel, Frauennachtmantel, Marienmantel, Ohmkraut, Silberkraut, Taukraut

Familie: Rosaceae — Rosengewächse

Vorkommen: In Mitteleuropa wächst Frauenmantel überall auf Wiesen, an Feld- und Waldrändern, an Hängen und Rainen.

Beschreibung: Aus dem Wurzelstock entsprießen auf langen Stielen wie vom Sturm umgeknickte Regenschirme, zunächst noch zusammengefaltet, doch dann rundflächig sich ausbreitende Blattschalen. Sie haben die Eigentümlichkeit, an den Rippenenden der Blattadern morgens Wassertropfen auszuscheiden und übernehmen damit fast eine Blütenfunktion. Diese Silbertropfen sammeln sich an den Härchen der Blattoberfläche. Die Alchemisten sammelten sie ein, da sie meinten, dieses »himmlische Wasser« würde ihnen den »Stein der Weisen« bereiten helfen. So bekam die Pflanze ihren lateinischen Namen Alchemilla. Der Blütenstand zeigt recht kümmerliche Ansätze von grünlichen Blütchen, deren Honigduft allerdings das Blütenhafte verrät.

Drogen: Kraut — Herba Alchemillae

Inhaltsstoffe: Gerbstoff, Bitterstoff, Saponin

Anwendung: Der Frauenmantel ist eine echte Hilfe bei der Geburt. Der verabreichte Tee (2—4 g des Krautes werden mit 1 Tasse kochenden Wassers überbrüht. 5 Min. läßt man ziehen, ehe man abseiht.) fördert nach der Geburt die Wundheilung und Blutstillung. Auch bei Störungen der Menstruation hat die Pflanze günstigen Einfluß.

Gamander
Teucrium scorodonia

Volkstümliche Namen: Bergsalbei,

Erdeiche, Salbeigamander, Wald-salbei

Familie: Labiatae — Lippenblütler

Vorkommen: In Westeuropa gedeiht Waldsalbei auf kieseligem Grund an Waldrändern, auf Lichtungen und Kahlschlägen.

Beschreibung: Schmal und hoch steigt aus der Wurzel der Stengel mit gegenständigen, eiförmigen, zu-gespitzten Blättern, die behaart und von fahlgrüner Farbe sind. Schmal auch steigt aus der oberen Blatt-achse die Ähre zum Licht, mit schwachgelblichen Lippenblüten be-setzt.

Drogen: Kraut — Herba Teucrii

Inhaltsstoffe: Ätherische Öle, Bitter-stoffe, Kieselsäure

Anwendung: Ä u ß e r l i c h gebrauch-te die Volksheilkunde das Mittel zur schnelleren Heilung und Vernarbung von Wunden. Der Tee (15—20 g des ganzen Krautes werden mit $^1/_2$ l Wasser überbrüht) wird zum Inhalie-ren bei Mund- und Halskrankheiten und bei Stirnhöhlenkatarrh ange-wandt.

I n n e r l i c h ist der große Erfolg der Pflanze bei Tuberkulose der Lun-gen, Knochen, Gelenke und Drüsen bekannt.

Gänseblümchen
Bellis perennis

Volkstümliche Namen: Angerblüm-chen, Dragonerblumen, Frühblüm-chen, Grasblume, Geißblümchen, Märzblume, Maßliebchen, Magda-lenenblume, Marienblümchen, Ma-rienkrönchen, Monateln, Ringelrös-chen, Tausendschönchen, Winter-röschen

Familie: Compositae — Korbblütler

Vorkommen: In Mitteleuropa wächst das Gänseblümchen fast überall auf Wiesen, Feldrainen und Dorfangern.

Beschreibung: Wenn die Wiesen noch feucht vom geschmolzenen Schnee sind, blinken eines Morgens Tausende von kleinen, weißen Ster-nen, in der Mitte runde, erhabene Scheiben voll Sonnengold, im Grase auf. Niemand hat ihr Wachstum vor-her bemerkt, und doch stehen sie schon fein herausgeputzt inmitten einer Blattrosette kleiner, ovaler Blättchen auf schlankem, blattlosem Stengel. Ihre Korbblüten haben goldgelbe, röhrenförmige Scheiben-blüten und weiße oder rötliche Strahlenblüten. Bescheiden und wie selbstverständlich schmücken sie fast das ganze Jahr über die Wie-

Gänsefingerkraut
Potentilla anserina

sen. Selbst um die Neujahrszeit erinnern sie uns auf schneefreien Wiesen noch an die Sonne, die bald wieder die dunkle Zeit überwinden wird.

Drogen: Blüten — Flores Bellidis

Inhaltsstoffe: Saponin, Gerbstoff, Harz, ätherisches Öl, Zucker, Schleim, Eiweiß, Bitterstoff, Apfel-, Wein-, Essig- und Oxalsäure, fettes Öl

Anwendung: Das Gänseblümchen tut unserer Leber sehr gut. Im Frühling, wenn nur wenige andere Kräuter da sind, kann man das ganze Kraut mit den Blüten kleingehackt unter Salate oder Quark mischen. Die tägliche Verwendung über einige Wochen kommt einer Blutreinigungskur gleich. Auch bei Verschleimungen der Luftwege, vor allem der Bronchien, wirkt es lösend.

Gänsefingerkraut

Potentilla anserina
(Abbildung auf Seite 71)

Volkstümliche Namen: Anserine, Gänsegarbe, Gänsekraut, Gänsfinger, Krampfkraut, Martinshand, Silberkraut

Familie: Rosaceae — Rosengewächse

Vorkommen: Das Gänsefingerkraut wächst auf feuchtem, tonigem Boden, auf Wiesen, an Bachläufen, Gräben und Triften.

Beschreibung: Aus dem Wurzelstock treiben Blätterbüschel und viele Ausläufer, die am Boden wieder Fuß fassen und neue Wurzeln schlagen. Die gefiederten Blätter sind scharf gezähnt und haben auf der Unterseite silberweiß glänzende Härchen. Die Blütenstiele erheben sich blattlos aus den Ausläufern und tragen große, goldgelb leuchtende Blüten.

Drogen: Kraut — Herba Potentillae anserinae, Wurzel — Radix Potentillae anserinae, die internationale Bezeichnung ist Herba oder Radix Anserinae

Inhaltsstoffe: Gerbstoff, Zucker, Schleim

Anwendung: Kneipp gab ein paar Gramm der Anserine mit heißer Milch überbrüht, wenn sich bei seinen Patienten Anzeichen bemerkbar machten, die auf nahende Krämpfe hindeuteten. Er empfahl die Pflanze besonders Frauen bei Krampfanfällen. Die Volksheilkunde verwendete die Pflanze auch bei Schleimhautaffektionen des Verdauungstraktes, bei Koliken, Asthma und Keuchhusten. Diese i n n e r e n Anwendungen werden mit einem Tee (1—4 g werden mit 1 Tasse kochenden Wassers überbrüht) gemacht. In der modernen Medizin ist die Heilwirkung der Anserine umstritten.

Gartensalbei

Salvia officinalis

Volkstümliche Namen: Edelsalbei, Heilsalbei, Königssalbei, Kreuzsalbei, Muskatellerkraut, Rauchsalbei, Raue Salbe, Salgere, Schmale Sofie, Tugendsalbei, Zahnsalbei

Familie: Labiatae — Lippenblütler

Vorkommen: Der Salbei ist auf den kahlen Kalkfelsen Dalmatiens, den Hängen Griechenlands, des Balkans

und Spaniens zu Hause. Dort und überall wird er jedoch in ganzen Kulturen angebaut.

Beschreibung: Herb und streng steigt der Duft der Salvia empor wie Rauchwerk. Der bis zu einem Meter hohe Halbstrauch hat einen vierkantigen, unten verholzten Stengel mit dicken Runzelblättern, die sich fast lanzettlich gegenüberstehen. Blaue Blütenstände erheben sich aus dem reichen Blattwerk, besetzt mit großen Blüten, die ideal dem Bienenkörper angepaßt sind.

Drogen: Blätter — Folia Salviae

Inhaltsstoffe: 2% ätherisches Öl, 5% Gerbstoffe, 6% Stärke, 5,6% Harze, phosphorsaure Salze und Spuren salpetersaurer Kali- und Kalksalze.

Anwendung: Äußerlich wendet man Salbei als Gurgelwasser bei Mund- und Halsentzündungen an.

Innerlich gebrauchten es die Menschen im Mittelalter als Kräftigungsmittel. Heute werden Salbeiblätter gegen den Nachtschweiß Lungenkranker eingesetzt. Auf den Verdauungstrakt, entzündliche Prozesse der Luftwege und der weiblichen Organe im kleinen Becken und bei Leberleiden wirkt Salvia officinalis günstig.

Gartenthymian
Thymus vulgaris

Volkstümliche Namen: Demut, Immenkraut, Küchenwürze, Römischer Quendel, Welscher Quendel
Familie: Labiatae — Lippenblütler

Vorkommen: Die eigentliche Heimat des Gartenthymians sind die steinigen Hänge des Mittelmeergebietes. Bei uns wird er in Gärten als Küchenkraut angebaut.

Beschreibung: Die vom Boden aus anspruchslosen Pflanzen scheinen in dicken, rosa bis halbvioletten Kissen aus dem blanken Gestein zu wachsen und auch nicht des Wassers zu bedürfen. Dafür lebt diese Labiate ganz vom Kosmischen, von Sonne und Wärme. Die schmalen, fleischigen Blättchen stehen sich an dem streng nach oben strebenden Stengel gegenüber. Die Blüten haben einen aromatischen, starken Duft und werden von Bienen gern besucht, worauf der volkstümliche Name »Immenkraut« auch hindeutet.

Drogen: Blühendes Kraut — Herba Thymi, Öl — Oleum Thymi, Thymiansäure — Thymol

Inhaltsstoffe: Ätherisches Öl (in dem bis zu 50 %/0 Thymol enthalten ist), Saponine, Harze, Bitterstoffe und Gerbstoffe.

Anwendung: Äußerlich verwendet man Thymian als Badezusatz bei rachitischen und skrofulösen Kindern.

Die innerliche Anwendung ist jedoch bedeutender und bezieht sich auf hartnäckige Bronchialkatarrhe, Keuchhusten und überhaupt auf Husten, denn Thymian löst den Schleim, wirkt beruhigend auf Reizungen in den Atemwegen und krampfstillend. Auch bei Gastritis, Magenkrämpfen und Koliken wirkt diese Heilpflanze durch die Anregung der Wärmeprozesse in diesem Gebiet.

Giftlattich
Lactuca virosa

Volkstümliche Namen: Saudistel, Saulattich

Familie: Compositae — Korbblütler

Vorkommen: Der Giftlattich ist auf Brachland, an steinigen Böschungen und an Feldrändern in Europa, Nordafrika und im westlichen Asien zu finden.

Beschreibung: Die früher gemeinsam mit Bilsenkraut und Schierling als Betäubungsmittel bei Operationen dienende zweijährige Pflanze bildet im ersten Jahr eine kräftige Pfahlwurzel und eine Rosette mit löwenzahnähnlichen Blättern. Doch wenn der hohle Stengel im nächsten Jahr zu mehr als 1 m Höhe treibt, gliedern sich die stengelumfassenden, bläulichen Blätter. Die Blattrippen zeigen unten dornenartige

Gebilde. Die Stengelenden bilden vielblütige Rispen, die mit gelben Blütenkörbchen besetzt sind, von denen im Herbst kleine Federschirmchen die Samen ins Weite tragen. Die ganze Pflanze strotzt vor Milchsaft.

Drogen: Blühendes Kraut — Herba Lactucae virosae

Inhaltsstoffe: Aus dem Milchsaft gewinnt man durch Trocknen an der Luft das Lactucarium. Dieses enthält kristallisierbare, stickstofffreie Bitterstoffe (Lactopikrin und Lactucin), Spuren eines Alkaloides, Asparagin, organische Säuren, Kampfer, Mannit, Kautschuk und etwas ätherisches Öl.

Anwendung: Giftlattich wirkt beruhigend, hustenreizlindernd, krampflösend, jedoch nicht schmerzlindernd und entschleimend. Leberschwellungen und Hydrops, Verkrampfungen im Blasen- und Darmgebiet beeinflußt diese Heilpflanze günstig. Sie dämpft Erregungszustände, hilft dank ihren Eigenschaften Opiate sparen und erzeugt keine Sucht.

Gundelrebe
Glechoma hederacea

Gundelrebe
Glechoma hederacea

Volkstümliche Namen: Buldermann-kraut, Donnerrebe, Erdefeu, Egel-kraut, Gundermann, Grundrabkraut, Grundrebenkraut, Guttermannkraut, Quendelrebe, Silberkraut, Toten-kraut, Ultramkraut, Zickelskraut

Familie: Labiatae — Lippenblütler

Vorkommen: An Zäunen, Hecken, Wegen, auf Mauern, feuchten Wiesen in ganz Mitteleuropa.

Beschreibung: Die Gundelrebe treibt vor allen anderen Labiaten als eine der ersten Frühlingspflanzen aus ihren kriechenden, sich immer er-neuernden Ausläufern die Blüten-triebe mit den blauvioletten Lippen-blüten empor. Die Blätter sitzen paarweise, aus ihren Achseln Blüten treibend, am aufsteigenden Stengel rundlich und gekerbt.

Drogen: Blühendes Kraut — Herba Hederae terrestris

Inhaltstoffe: Bitterstoff, Cholin, Gerb-stoffe, ätherisches Öl, gummiartige Stoffe, Mineralstoffe, Salze.

Anwendung: Ä u ß e r l i c h wird Gun-delrebe zu Umschlägen in einer Ab-kochung von 10 g auf $\frac{1}{2}$ l Wasser angewandt. Zu Bädern nimmt man eine Handvoll Pflanzen, übergießt sie mit kochendem Wasser und be-nutzt dies als Kräuterzusatz zum Bad. Diese Bäder heilen alternde, schlechtheilende Wunden und wirken schmerzstillend bei Neuralgien, Is-chias, Gicht und Zahnschmerzen.

Zu i n n e r l i c h e m Gebrauch nimmt man entweder die Tinktur oder eben-falls eine Abkochung (5 bis 10 g auf $\frac{1}{2}$ l Wasser). Die Pflanze wird zur Anregung des Stoffwechsels bei Milz-Leberstockungen, Schwäche im Verdauungstrakt, mangelhafter Blut-bildung, bei Bronchialasthma, Er-krankungen der Atemorgane, Skro-fulose, Steinleiden und Gelbsucht innerlich wie äußerlich angewendet.

Hauhechel
Ononis spinosa

Volkstümliche Namen: Großmaus-ohrwurzel, Hasenöhrle, Magenput-zer, Stachelkraut, Weiberkrieg, Weiberzorn, Weinrauch

Familie: Leguminosae — Hülsen-früchtler

Vorkommen: Hauhechel wächst auf unfruchtbaren Feldern, an Wegen und kargen Abhängen.

Beschreibung: Von der tiefgreifen-den Wurzel sagen die Botaniker, daß sie so weit in den Boden ein-dringt, bis sie auf einen kalkhaltigen Boden stößt. Die Pflanze verbessert mit der Kalkansammlung und auch als Stickstoffsammlerin die schlech-ten Böden, auf denen sie allein wächst. Düngung vertreibt sie sofort und macht es überflüssig, sie her-auszureißen, was so schwierig ist, daß die Flüche und Zornausbrüche jätender Bäuerinnen in den alten Namen »Weiberkrieg« und »Weiber-zorn« festgehalten sind. Der ober-irdische Teil der Pflanze zeigt sich als niedriger, dornenbesetzter Strauch, der mit großen, rosafarbe-nen Blüten besetzt ist, die dank ihren Adern violett schimmern.

Drogen: Wurzel — Radix Ononidis

Inhaltstoffe: Etwas ätherisches Öl,

fettes Öl, Zucker, Gummi, Stärke, Harz, Gerbstoff, Zitronensäure, Phytosterin, Glykoside, Onon, Ononid. **Anwendung:** Hauhechel wirkt vor allem harntreibend. Der Tee (2—4 g der Wurzel werden mit 1 Tasse kochenden Wassers überbrüht oder leicht abgekocht) verliert allerdings bald an Wirkung und daher soll man nach je drei Tagen eine Pause einlegen. Der Harnsäureüberschuß des Körpers wird durch diese Heilpflanze abgebaut, deshalb ist Hauhechel in den meisten Teemischungen gegen Gicht und Rheuma. Die Ausscheidung über die Niere beeinflußt günstig Harngrieß, Blasenkatarrh, Schwächezustände der Blase und Wassersucht.

Heckenröschen
Rosa canina

Volkstümliche Namen: Hagebutten, Hainrosen, Hatschapetschen, Heinzerlein
Familie: Rosaceae — Rosenblütler
Vorkommen: Felsbrocken und Steinhaufen verbergend, an Wegen ganze Hecken bildend, Felder begrenzend, so grüßt uns beim Wandern die wilde Rose anmutig mit ihren schwingenden Gerten überall auf kärglichem, aber doch kalkhaltigem Boden bis hinauf in die mittleren Regionen der Berge. Sie liebt klare Luft, ein wenig Feuchtigkeit und etwas Eisengehalt.
Beschreibung: Der einjährige Strauch hat gerade aufgerichtete Zweige, die aus einer kraftvollen Wurzel kommen, aus der immer neue Achsen, unterirdisch kriechend, für Vermehrung sorgen, ohne daß Frost oder Beweidung der Pflanze etwas anhaben können. Später verästelt sich der Strauch und bekommt überhängende Zweige, an denen scharf gesägte Fiederblättchen sitzen. Der Blütenstand ist als Doldenrispe veranlagt, aber nur wenige Blüten sitzen an den Spitzen zu einem Sträußchen zusammengedrängt und verströmen ihren Wohlgeruch aus weißen oder rosa fünfblättrigen Blüten. Die Kelchblätter sind zurückgekrümmt und nicht lange, so fallen Blüten- und Kelchblätter ab und der in den Stiel eingestülpte Fruchtboden bildet sich zur Frucht aus, zur Hagebutte, die im Herbst weithin korallenrot leuchtend den Strauch ziert.
Drogen: Früchte — Fructus Cynosbati, Samen — Semen Cynosbati
Inhaltsstoffe: Die entkernte Frucht enthält ätherisches Öl, Zuckerarten (Dextrose), Apfel- und Zitronensäure, Pektin, Carotin, Gerbstoff, Kalk und Vitamin C. Die sogenannten »Hagebuttenkerne«, die Samen, enthalten Vanillin, Spuren von Lecithin, Zucker, fettes Öl, Kieselsäure.
Anwendung: Die Hagebutte wird nur i n n e r l i c h gebraucht, und zwar als kernlose Frucht bei Keuchhusten, zur Anregung des Stoffwechsels, bei Durchfällen, Darmkatarrh und Vitaminmangel, da sie reich an Provitamin A (Carotin) ist und eine der reichsten Vitamin-C-Träger des Pflanzenreiches. (2—5 g der Früchte werden mit 1 Tasse Wasser kurz gekocht.)

Heckenröschen
Rosa canina

Der Tee aus den Kernen wirkt harntreibend und bekämpft die Steinbildung in Niere und Blase (2—4 g der Kerne werden mit 1 Tasse Wasser 5 Min. gekocht, und dann läßt man den Tee noch 1 Std. ziehen).

Heidekraut
Calluna vulgaris

Volkstümliche Namen: Besenheide, Brandheide, Erika, Rote Heide
Familie: Ericaceae — Heidekrautgewächse
Vorkommen: Heidekraut versteht der Sonne zu trotzen und durch dichten Bewuchs dem Boden die gering vorhandene Feuchtigkeit zu erhalten. Auf kalkarmen Böden finden wir dieses Kraut in Europa auf der Heide, in Hochmooren, auf Dünensand und auf Waldblößen. Es wächst bis hoch in den Norden hinauf und in den Bergen bis zu einer Höhe von 2000 m.
Beschreibung: Der niederliegende Zwergstrauch bedeckt in großen Beständen arme Böden. Die verholzten, niederliegenden Stengel bilden mit den aufstrebenden Zweigen dichte Büsche von 10—50 cm Höhe, an denen immergrüne, nadelförmige Blättchen sitzen. Die zahlreichen Enden der aufgerichteten Sprosse tragen Trauben mit rötlich-violetten, manchmal auch weißen Blütchen, die die weite Heide vom Juli bis in den September hinein mit einem purpurnen Teppich bedecken und den Bienen reichen Schmaus bieten.
Drogen: Blühendes Kraut — Herba Ericae cum floribus

Blüten — Flores Ericae
Inhaltsstoffe: Flavonglykoside, Gerbstoff, Saponin, Zucker, Gummi, Mineralstoffe, darunter viel Kalk- und Kieselsäure

a) Blüte

Anwendung: Wegen seiner diuretischen Wirkung wird Heidekraut bei Gicht, Rheuma, Nieren- und Gallensteinen gebraucht. Auf diese Weise entlastet es auch Herz und Kreislauf. Für den Tee werden 2—4 g des Krautes oder der Blüten mit 1 Tasse kochenden Wassers überbrüht. Heidekraut ist oft ein Bestandteil von Frühstücks- und Haustee.

Heidelbeere
Vaccinium myrtillus

Volkstümliche Namen: Besinge, Bickbeeren, Blaubeeren, Eigelbeeren, Gadelbeeren, Heubeeren, Krakbeeren, Schwarzbeeren, Stopfbeeren

Familie: Ericaceae — Heidekrautgewächse

Vorkommen: Die Heidelbeere wächst zahlreich in Wäldern, auf steinigen Berghängen und unfruchtbarer Heide in ganz Europa.

a) Blüte
b) Fruchtzweig

Beschreibung: Anspruchslos breiten die kleinen Büsche ihre verästelten Zweige mit reichem Blattwerk aus. Zur Blütezeit tragen sie unten an den Zweigen, von den gezähnten Blättchen überdeckt, zahlreiche Becherblütchen in blassem Grün mit rötlichem Hauch. Die Kinder, aber auch die Erwachsenen freuen sich über die reifen, schwarzblauen Beerenfrüchte, die sich unter den Blätterkronen der kleinen Sträucher verbergen.

Drogen: Frucht — Fructus Myrtillorum, Blätter — Folia Myrtillorum

Inhaltsstoffe: Die Früchte enthalten bis zu 7% Gerbstoff, Zucker, Apfel- und Zitronensäure, Pektin und Myrtillin. Die Blätter enthalten Gerbstoff, Chinasäure und das Glykosid Arbutin.

Anwendung: Frische Heidelbeeren werden bei Kindern gegen Würmer gegeben. Sie verursachen durch ihren Reichtum an Fruchtsäuren, durch die grobe Zellulose der verhältnismäßig harten Schalen und die kleinen Samen, die die Darmschleimhaut anregen, leichte Durchfälle. Bei Verstopfung sind sie daher das geeignete Mittel. Das Gegenteil bewirken getrocknete Heidelbeeren oder Heidelbeer-Muttersaft, wie man ihn im Reformhaus kaufen kann. Gewöhnlicher Heidelbeersaft ist ungeeignet, wenn er zugesetzten Zucker enthält. Die getrockneten Heidelbeeren werden über Nacht eingeweicht, dann 20 Min. gekocht und abgeseiht. Auf 1 l Wasser nimmt man 2 gehäufte Eßlöffel getrocknete Heidelbeeren. Auch Heidelbeer-Muttersaft mit Quark vermengt ist ein wirksames Mittel gegen Durchfälle.

Herbstzeitlose
Colchicum autumnale

Volkstümliche Namen: Bauernfeind, Bauernärger, Herbstblume, Kuhschlutte, Lausblume, Viehgift, Wiesensafran
Familie: Liliaceae — Liliengewächse
Vorkommen: In Europa, im Mittelmeergebiet und im Orient wächst diese Pflanze überall auf Wiesen vereinzelt oder auch in größerer Menge über eine Wiese verstreut.

a) blühende Herbstzeitlose
b) fruchttragende Frühlingspflanze
c) Fruchtkapsel

Beschreibung: Die Herbstzeitlose führt im Vergleich zu anderen Pflanzen ein dem Jahresrhythmus entgegengesetztes Leben. Vom September bis zum Oktober sehen wir überall auf den Wiesen die zartvioletten Blüten den Winter ankündigen. Diese Blüte wächst unmittelbar aus der Zwiebel, ohne den Übergang der Blätter. Der Blütenprozeß bleibt in der Wurzel stecken, denn die dreifächrige Fruchtanlage bleibt tief in einer seitlichen Rinne der Wurzel versteckt. Das langröhrige, trichterförmige Perigon teilt sich oben in sechs Kronenzipfel und trägt in seinem Schlund angewachsen sechs Staubgefäße. Der Pollen, der auf der Narbe bei der Bestäubung auskeimt, braucht viele Wochen, bis er zur Eizelle im Fruchtknoten gelangt. Erst um die Weihnachtszeit erfolgt die »Befruchtung«. Vor Frost geschützt in der Zwiebel unter der Erde wird im Winter der Samen gebildet. Im Frühjahr, wenn die anderen Pflanzen blühen, steigt erst der Fruchtstand mit den tulpenartigen Blättern ans Licht, um im folgenden Sommer die dreifächrigen Fruchtkapseln mit den gekielten Samen ausreifen zu lassen.
Drogen: Samen — Semen Colchici
Inhaltsstoffe: Den Hauptbestandteil bildet in allen Pflanzenteilen, besonders aber im Samen, das Alkaloid Colchicin, das stärkste Mitosegift, das wir kennen. Behandlungen von Pflanzensamen mit Colchicin führen zu sprunghaften Mutationen.
Anwendung: Wegen der Giftigkeit der Pflanze darf sie nur vom Arzt verordnet werden. Schon Albertus Magnus empfiehlt sie gegen Gicht. Bei Übersäuerung des Organismus und allen damit verbundenen Folgeerscheinungen wie Gicht und Rheuma ist die Behandlung mit Colchi-

cum angebracht. Aber auch Brech-durchfälle, Wassersucht und Ge-schwulstbildungen der Schilddrüse werden günstig beeinflußt. Früher vertrieb man mit dem Samen auch Läuse.

Beschreibung: Ähnlich der Brom-beere, nur weniger stachelig, treibt die Himbeere zweijährige Zweige mit gefiederten Blättern. Ihre Rosen-blütchen sind weiß, und wie sie schon da der Brombeere mit ihren

Himbeere
Rubus idaeus

Volkstümliche Namen: Rotbeere, Samtbeere, Waldbeere
Familie: Rosaceae — Rosengewächse
Vorkommen: In Europa wächst die Himbeere überall auf Waldlichtun-gen, Kahlschlägen und an Wald-rändern. Im Garten wird sie kulti-viert.

rosafarbenen Blüten nachsteht, so werden auch die nachfolgenden, bei Kindern und Erwachsenen so belieb-ten Früchte nicht so dunkel wie bei ihrer nahen Verwandten. Es sind purpurrote, zusammengewachsene Steinfrüchtchen, die sich leicht vom kegelförmigen Fruchtboden abhe-ben lassen, wenn sie ausgereift sind. Die Himbeere treibt den ganzen Sommer vom Frühling an unbekümmert Zweig um Zweig, und noch im späten Herbst, wenn längst reife Früchte die Menschen und Insekten anlocken, bringt sie zarte, weiße Blüten hervor, aus denen jedoch keine Früchte mehr heranreifen.

Drogen: Blätter — Folia Rubi Idaei, Frucht — Fructus Rubi Idaei

Inhaltsstoffe: Die Blätter enthalten Gerbstoff, die Früchte ätherisches Öl, aromatischen Fettsäureester, Zucker, Gummi, Schleim, Pektin, Farbstoff und organische Säuren.

Anwendung: Die Blätter sind leicht adstringierend und werden i n n e r - l i c h gegen Durchfall, bei Darmbluten und Magenkoliken gegeben. Man bereitet aus 2—4 g der getrockneten Blätter, die man mit 1 Tasse kochenden Wassers übergießt, einen Tee, der auch oft als Ersatz für chinesischen Tee getrunken wird und viel bekömmlicher ist.

Für den ä u ß e r l i c h e n Gebrauch verwendet man einen Absud für Umschläge bei Hautausschlägen und Augenentzündungen. Auch als Mundwasser bei Zahngeschwüren wird er empfohlen. Der Himbeersaft ist sehr wohlschmeckend und ein gutes Mittel gegen Fieber.

Hirtentäschel

Capsella bursa pastoris

Volkstümliche Namen: Beutelschneiderkraut, Hirtenseckel, Seckelkraut, Täschelkraut

Familie: Cruciferae — Kreuzblütler

Vorkommen: Hirtentäschel ist von Europa überall hin verschleppt worden und wächst auf Feldern und Brachland, an Wegrändern, Gräben, Böschungen und auf Erdhaufen.

Beschreibung: Aus seiner Kindheit kennt fast jeder die herzförmigen, kleinen Schötchen am langen Schaft, der aus einer üppigen Rosette wächst, die mit einer kräftigen Pfahlwurzel dem Boden verhaftet ist. Die Blätter der Rosette sind mehr oder weniger geteilt und manchmal sogar ungeteilt. Die weißen Blüten sind unscheinbar, und bei manchen Arten fehlen die Blütenblätter ganz oder sind in Staubgefäße umgewandelt,

so daß dann zehn, statt sechs Staubgefäße vorhanden sind. Die Vermehrung ist sehr stark, und vom März bis in den November finden wir blühendes, fruchtbildendes und keimendes Hirtentäschel.

Drogen: Kraut — Herba Bursae pastoris

Inhaltsstoffe: Kalium-, Kalzium- und Natriumsalze, Allylsenföl. Die Anwesenheit der beiden Basen Cholin und Thyramin ist bedingt durch das Vorhandensein eines Pilzes.

Anwendung: Hirtentäschelkraut wird bei Erkrankungen der Nierengefäße und bei Nierengrieß verabreicht. Seine blutstillende Wirkung, seine rhythmischen Impulse auf die Sexualregion der Frau und sein Einfluß auf die Darmperistaltik sind nach neuesten Forschungen wahrscheinlich nur auf das Vorhandensein des Pilzes zurückzuführen. Er kommt auf der Pflanze zwar sehr häufig vor, aber nicht immer. Deshalb ist die Medizin wieder davon abgekommen, Hirtentäschel statt des giftigen Mutterkornes zu verordnen.

Hohlzahn
Galeopsis segetum

Volkstümliche Namen: Dahmnessel, Gelbes Distelkraut, Blutkraut
Familie: Labiatae — Lippenblütler
Vorkommen: Dieses im westlichen Europa verbreitete Kraut bevorzugt kieslige, sandige Geröllböden, die aber gut durchfeuchtet sein müssen.
Beschreibung: Das hanfähnliche Kraut mit sperrigen, gezähnten Blättern und hellgelben, großen Lippenblüten tritt noch in anderen Spielarten auf, einer purpurrot blühenden, einer hellpurpurnen mit gelb und rot gefleckter Unterlippe und der goldgelb blühenden Hanfnessel (Galeopsis speciosa) mit violettem Fleck. Allen gemeinsam sind die zahnartigen und hohlen Ausstülpungen des Unterkiefers an den Blüten, die ihnen das Aussehen eines aufgesperrten Tierrachens geben, wodurch der griechische Name »Galeopsis« (Wieselgesicht) zu erklären ist.

Drogen: Blühendes Kraut — Herba Galeopsidis
Inhaltsstoffe: 3–10 % Mineralsubstanz, davon $1/5$ bis $1/3$ Kieselsäure,

ferner Phytosterin, Gerbstoff, Pektin, Zucker, Saponin
Anwendung: Hohlzahn ist ein reizloses, harntreibendes Mittel und beeinflußt günstig Lungenerkrankungen. Wegen seines hohen Gehaltes an Mineralstoffen wird es bei Blutarmut empfohlen. Für den i n n e r l i c h e n Gebrauch überbrüht man 1 Eßlöffel des Krautes mit 1 Tasse Wasser.

Holunder
Sambucus nigra

Volkstümliche Namen: Achenstaude, Flieder, Holderknopf, Holantar (althochdeutsch), Marterblumen, Schwarzholder
Familie: Caprifoliaceae – Geißblattgewächse
Vorkommen: Der Holunder ist in Mitteleuropa zu Hause, wurde jedoch auch nach dem Norden gebracht. Er wächst in Wäldern und wurde schon immer in Gärten und dicht beim Haus gepflanzt.
Beschreibung: Der Holunder galt bei den Alten als heiliger Baum, in dem die Göttin Freya wohnte. Seine Heilkraft war weithin bekannt, und deshalb pflanzte man ihn nahe ans Haus, damit man seine »Hausapotheke« bei der Hand hatte.
Drogen: Blüten – Flores Sambuci, Rinde – Cortex Sambuci, Blätter – Folia Sambuci, Wurzel – Radix Sambuci, Beere – Fructus Sambuci
Inhaltsstoffe: Die Blüten enthalten ätherisches Öl, Gerbstoff, Schleim, Sambunigrin, Mandelsäurenitril, Glykosid, Cholin, Harz, Zucker, Apfel-, Baldrian- und Weinsäure, die Rinde Gerbstoff, abführend wirkendes Harz, Alkaloid, die Blätter Emulin, Invertin, Sacharose, Salpeter, Sambucin, Sambunigrin, die Wurzeln und Beeren Fruchtsäuren, Gerbsäuren, Zucker, ätherisches Öl, Bitterstoff, roten Farbstoff, Pentosan, Tyrosan, Wachs, Gummi und Harz, Vitamin C.
Anwendung: Die Blüten sind als schweißtreibendes Mittel bei Erkältungen sehr bekannt. Der Tee wird fälschlicherweise oft Fliedertee genannt, obwohl er mit unserem Flieder (Syringa) nichts zu tun hat. (1 Teelöffel der Blüten wird mit 1 Tasse kochenden Wassers überbrüht, worauf er 10 Minuten sieden muß.) Seine harntreibende Wirkung macht ihn auch geeignet bei Gicht und Rheuma. Der Absud aus 25 Gramm der Rinde und ¼ l Wasser ist ein starkes Diuretikum. Die

a) Blüte
b) Früchte

Blätter werden zu Blutreinigungskuren verwandt und äußerlich als Umschlag bei Verbrennungen (1 Teelöffel voll Blätter wird mit 1 Tasse Wasser kurz gekocht). Die Wurzel ist abführend und wurde von Kneipp wegen der harntreibenden Wirkung, in der sie kein anderes Mittel erreicht, sehr gelobt (1 Teelöffel der zerkleinerten Wurzel wird mit 1 Tasse Wasser abgekocht). Die Beeren enthalten viel Vitamin C und wurden früher auch zur Blutreinigung verwandt.

Honigklee
Melilotus officinalis

Volkstümliche Namen: Hangklee, Kleiner Klee, Steinklee, Süßklee, Traubenklee
Familie: Leguminosae — Hülsenfrüchtler. Unterfamilie: Papilionaceae — Schmetterlingsblütler

Vorkommen: An Wegen und Rainen, auf Schuttplätzen und angebaut kommt Honigklee in Mitteleuropa überall da vor, wo der Boden kalkreich ist.

Beschreibung: Diese zweijährige Pflanze dringt mit ihrer kraftvollen Pfahlwurzel in die Tiefe und wird meterhoch. Der verästelte Stengel zeigt langgestielte, dreizählige, längliche Blätter mit scharf gesägtem Rand. Die kleinen, gelben Schmetterlingsblüten stehen in lockeren, langen Trauben aufrecht an den Stengelspitzen. Sowohl die Blüten als auch die Blätter strömen einen honigähnlichen Duft aus.
Drogen: Blüten — Flores Meliloti
Blühendes Kraut — Herba Meliloti
Inhaltsstoffe: Ätherisches Öl, Melilotsäure, Melilotol, Harz, Cumarin, Gerbstoff und viele Salze
Anwendung: Ä u ß e r l i c h werden Blüten und Kraut zu erweichenden, schmerzstillenden, entzündungshemmenden und zerteilenden Umschlägen bei Gelenk- und Drüsenanschwellungen, Geschwüren, Furunkeln und Wunden verwendet. Für erweichende Umschläge und Waschungen stellt man aus 1 Eßlöffel und $1/2$ l Wasser einen Aufguß her.
I n n e r l i c h wird Honigklee kaum noch angewandt, weil bei übermäßigem Gebrauch Erbrechen und Schwindel auftreten können. In älteren Kräuterbüchern wird er oft wegen seiner beruhigenden, schlaffördernden, harn- und schweißtreibenden Wirkung gelobt. Neue wissenschaftliche Forschungen haben jetzt ergeben, daß Honigklee wie die Roßkastanie tonisierend auf die Venenwände einwirkt und dadurch Krampfaderbeschwerden günstig zu beeinflussen vermag.

Hopfen
Humulus lupulus

Volkstümliche Namen: Bierhopfen, Hopfenkegel, Hopfenzapfen, Wilder Hopfen
Familie: Urticaceae — Nesselgewächse
Vorkommen: In Europa wächst Hopfen an Hecken, Zäunen und Waldrändern. In Bayern, Österreich und um Posen wird die Pflanze angebaut.
Beschreibung: Wo die Ranken des Hopfens wild wachsen, haben sie meist nicht genügend Möglichkeiten, emporzuklettern. Da hängen sie deshalb von Büschen und Hecken herab. Angebaut schwingen sich ihre kräftigen, grünen Ranken immer in derselben Richtung, und zwar gegen den Lauf der Sonne, an den langen Stangen hinauf und schmücken sie wie Girlanden mit ihren großen, dreiteiligen Blättern. Die männlichen und weiblichen Blüten sind auf verschiedene Pflanzen verteilt. In den männlichen finden wir fünf Staubgefäße und ebensoviele Perigonzipfel, die weiblichen bestehen aus einem Fruchtknoten, der von einer zweiteilig fiederförmigen Narbe gekrönt ist. Jeder Fruchtknoten hat sein eigenes Deckblatt, das am Anfang sehr klein ist, aber zur Reifezeit an Größe zunimmt. Man baut den Hopfen nur zu einem geringen Teil an, um Samen zu ernten, sondern sammelt die nicht völlig reifen Zapfen, aus denen man Lupulin gewinnt, das den Inhalt der an den Hochblättern der Blüte sitzenden Drüsen bildet. Ob das klassische Altertum schon den Hopfen zum Haltbarmachen des Bieres kannte, ist nicht gewiß. Plinius erwähnt eine Pflanze, die als Leckerbissen geschätzt war, und

a) Zweig mit Staubblüten
b) Zweig mit Stempelblüten
c) Fruchtzweig

tatsächlich aß man früher die jungen Sprößlinge, die der Wurzelstock des Hopfens im Frühling treibt, unter dem Namen des Spargels. Die alten Germanen setzten ihrem Bier allerlei bittere Kräuter zu, aber erst im Jahre 768 werden in einem Schenkungsbrief Pipins an die Abtei von Saint Denys Hopfengärten erwähnt. Die Heilige Hildegard von Bingen sagt von der bei ihr Humela und Hoppha genannten Pflanze, daß sie die Menschen traurig mache und die Eingeweide austrockne, aber wegen ihrer Bitterkeit dienlich sei, Getränke haltbar zu machen.

Drogen: Blüten — Flores Lupuli

Inhaltsstoffe: Harz, Gerbstoff, ätherisches Öl. Im Lupulin wurde ätherisches Öl, Hopfenharz, Hopfenbitter, Gerbstoff, Cholin, Asparagin, Dextrose und Wachs gefunden.

Anwendung: Aus dem pulverisierten Lupulin bereitete man früher eine schmerzlindernde Salbe für Geschwüre. Der Tee aus den Fruchtzapfen (2—4 g werden mit 1 Tasse kochenden Wassers überbrüht) gilt als Beruhigungsmittel, besonders bei nervöser Schlaflosigkeit. Er wird bei Neurosen gegeben und als harntreibendes und krampflösendes Mittel.

Huflattich

Tussilago farfara

Volkstümliche Namen: Berglätschen, Brandlattich, Erdkronenblätter, Eselsfuß, Haferlattich, Hitzblätter, Hofblätter, Hustenblätter, Klemmausblätter, Labatschen, Märzblumen, Ohmblätter, Pappenmütz, Quirinkraut, Quittenlattich, Roßhuf, Roßlattich, Sandblume

Familie: Compositae — Korbblütler

Vorkommen: In ganz Europa, Asien und Nordafrika liebt der Huflattich feucht-lehmige, kalkhaltige Böden, die er an Böschungen, Wegrändern und Bahndämmen findet.

Beschreibung: Aus ausdauerndem Wurzelstock, der sich immer wieder durch wurzelnde Ausläufer fortsetzt, steigt in der ersten Frühlingssonne auf geschupptem Stiel der gelb-leuchtende Blütenkorb ans Licht. Die Blüten sind sehr von der Sonne abhängig. Sie schließen sich bei Nacht und bedecktem Himmel. Erst nach der Blütezeit vollendet sich die Pflanze ganz und schickt ihre langgestielten, unten weißlichen, rundlichen Blätter von einer am Boden bleibenden Rosette empor.

Drogen: Blüten — Flores Farfarae, Blätter — Folia Farfarae

Inhaltsstoffe: Inulin, Gerbstoffe, Spuren ätherischen Öls, Xantophyll, Schleim. Sind Metalle im Boden, so nimmt sie diese auf.

Anwendung: Äußerlich legt man die frischen Blätter, die man mit einer Nudelrolle ausrollt, um die Adern zu zerquetschen, bei Entzündungen, offenen Beinen und Geschwüren auf. Kneipp legte die Blätter bei Fieber auf die Brust, aber auch örtlich und bei den oben beschriebenen Krankheitsbildern. Eine Abkochung lindert skrofulöse Geschwüre, Bindehaut- und Lidrandkrankheiten. Innerlich wird der Tee (5—10 g der Blätter und Blüten mit einer Tasse kochenden Wassers aufgebrüht) als Hustenmittel, bei Bronchialkatarrh, Heiserkeit und Verschleimung der Atemwege angewandt.

Iris

Iris germanica

Volkstümliche Namen: Schwertlilie. Die Wurzeln sind als Veilchenwurzeln, Zahnwurzeln oder Schwertwurzeln bekannt.

Huflattich
Tussilago farfara

Familie: Iridaceae — Schwertlilien-
gewächse
Vorkommen: In der nördlichen gemäßigten Zone kommt die Deutsche
Schwertlilie gelegentlich wildwachsend vor. Meist jedoch finden wir
sie in Gärten.

Beschreibung: Aus dem 5—12 cm
langen, knollig gegliederten Wurzelstock strebt ein kräftiger Stengel
empor, umstellt von schwertähnli-
chen, langen Blättern. Den Gipfel
krönt eine große, eigenartige, violette Blüte mit zurückgebogenen
Perigonzipfeln und blumenblattähn-
lichem Anhang der Narben.
Drogen: Wurzel (Veilchenwurzel) —
Rhizoma Iridis, Veilchenwurzelpul-
ver — Rhizoma Iridis pulveratus,

geschälte Veilchenwurzel — Radix
Iridis mundatus
Inhaltsstoffe: Myristin (Fett), Olein-
säure, Iron (bedingt den Veilchen-
geruch), Gerbsäure, Harz, Methyl-
äther, Glykosid, Iridin
Anwendung: Veilchenwurzel wurde
früher ä u ß e r l i c h als Pulver zum
Reinigen unsauberer Wunden ein-
gestreut. Abgerundete Stückchen
werden zahnenden Kindern zum
Kauen gegeben.
I n n e r l i c h e Gaben (1 Teelöffel
voll der zerkleinerten Wurzel mit
1 Tasse Wasser gekocht) werden
gegen Milz- und Gallenerkrankun-
gen, Verschleimung der Brust und
als Diuretikum angewendet.

Isländisches Moos
Cetraria islandica

Volkstümliche Namen: Ahngraupen,
Blutlungenmoos, Brockenmoos, Fel-
sengras, Geißtrauben, Heideflechte,
Isländische Flechte, Raspel, Rispel,
Kramperltee, Tratschenflechte
Familie: Parmeliaceae (Ascolichenes
— eine Vereinigung von Schlauch-
pilz und Alge) — Flechtengewächse
Vorkommen: Isländisches Moos ist
über die ganze nördliche kalte und
gemäßigte Zone verbreitet. In den
höheren Lagen deutscher Mittelge-
birge wächst es zwischen anderen
Moosen und Heidekraut.
Beschreibung: Die Flechte besteht
aus graugrünen oder bräunlichen
Lappen, die auf der Rückseite heller
gefärbt sind. Die Zipfel sind ge-
weihähnlich eingebogen und am
Rand dornig bewimpert. Am Rand

finden wir die runden, braunen Fruchtkörper.

Drogen: Die ganze Pflanze — Herba Cetrariae islandicae

Inhaltsstoffe: An heißes Wasser gibt die Droge über die Hälfte ihrer Trockensubstanz ab und bildet einen bitteren Schleim. 20% davon sind

ge, hustenmildernd und gleichzeitig appetitanregend. Durch seine Bitterstoffe regt es den Stoffwechsel und die natürlichen Abwehrkräfte des Organismus an. Deshalb wird es gern als Unterstützungsmittel (nicht als Heilmittel) bei der Behandlung der Lungentuberkulose eingesetzt.

Lichenin (auch Moosstärke genannt), 75% Isolichenin (Stärke). Ferner sind enthalten Protocetrarsäure, Protolicheninsäure, Fumarsäure, Cetrarin (bewirkt den bitteren Geschmack), Stickstoff, Fett, Mineralstoffe (darunter Kieselsäure) und geringe Mengen ätherischen Öls.

Anwendung: Das Isländische Moos wird nur innerlich gebraucht. Es wirkt schleimlösend auf die Luftwe-

Sein Hauptanwendungsgebiet erstreckt sich aber auf Bronchialkatarrh, Keuchhusten, Asthma, Heiserkeit und Verschleimung der Luftwege. Auch als inneres Mittel gegen Akne über längere Zeit eingenommen, führt es zu guten Erfolgen. 10—30 g der Droge werden mit 1 Tasse kochenden Wassers überbrüht oder ganz kurz gekocht. Längeres Kochen ist schädlich.

Johanniskraut
Hypericum perforatum

Volkstümliche Namen: Blutkraut, Elfenblutkraut, Hartheu, Johannisblut, Teufelsflucht, Tausendlochkraut

Familie: Hypericaceae — Hartheugewächse (Guttiferae)

Vorkommen: Johanniskraut blüht in Europa überall an sonnigen Hängen, auf Böschungen, an Waldrändern.

Beschreibung: Der Name Johanniskraut kommt daher, daß die Pflanze in den goldgelben Blüten in kleinen, schwarzen Drüsen ein rotes Harz enthält. Reibt man die Blütenblätter zwischen den Fingern, so tritt dieses rote Harz aus und färbt die Finger rot. Im Mittelalter entstand die Sage, daß die Pflanze aus dem Blut, das Johannes der Täufer bei seiner Enthauptung vergossen hat, entsprungen ist. Das altgermanische Mittsommerfest wurde zum christlichen Johannistag und das gerade in der Zeit des höchsten Standes der Sonne blühende Johanniskraut wurde zum Schmuck der Altäre. Kränze und Girlanden wurden daraus geflochten. Ein Strauß mit Johanniskraut und acht anderen Kräutern ließ man vom Priester segnen, damit man diese bei sich tragen konnte gegen Krankheit und böse Anfechtungen. Aber auch der Teufel war nicht faul. Er durchstach die Blätter des Johanniskrautes mit Tausenden von kleinen Nadelstichen und hoffte, sie dadurch zum Verdorren zu bringen. Diese kleinen, durchscheinenden Löcher kann man heute noch sehen, wenn man die ovalen, glatten Blättchen gegen das Licht hält. Sie sind mit einem feinen ätherischen Öl angefüllt. Die Pflanze wird etwa kniehoch. An den kantigen Stengeln sitzen die gegenständigen Blättchen, aus deren Achseln im oberen Teil goldene Doldentrauben wachsen.

Drogen: Kraut mit Blüten — Herba Hyperici

Inhaltsstoffe: In den Blüten findet sich gelber und roter Farbstoff, der in Alkohol leicht löslich ist. Ferner enthält das Kraut ätherisches Öl, Glykosid, Gerbstoff, Flavone, Pektin, Cholin, Pentosane, Stearin, Palmitin, Phytosterin, Myritinsäure, Phlobabene und Mineralstoffe.

Anwendung: Äußerlich ist das rote Johannisöl ein ausgezeichnetes Mittel bei der Wundheilung. Von der modernen Medizin wird es als langsam, aber nachhaltig wirkender Tranquilizer empfohlen, der keine Nebenwirkungen hat wie synthetische Mittel. Wenn man den Tee (2—4 g werden mit 1 Tasse kochenden Wassers überbrüht) etwa 10 Tage trinkt oder das bekannte Rotöl einnimmt, tritt eine deutliche Aufhellung der Stimmung ein. Um eine nachhaltige Wirkung zu erzielen, setze man noch einige Wochen die Kur fort. Johanniskraut wirkt photosensibilisierend. Man darf sich während der Kur nicht starker Sonnenbestrahlung aussetzen, weil das sehr schnell zu einem Sonnenbrand führt, wogegen man Johanniskrautöl wiederum erfolgreich anwendet. Die tranquilizartige Wirkung beruht sicher darauf, daß Johanniskraut die Leberfunktion erhöht und nervenstärkend ist.

Kalmus
Acorus calamus

Volkstümliche Namen: Ackermann, Ackerwurz, Kolmes, Magenwurz, Magenbrauchwurz, Schwerthenwurzel, Deutscher Ingwer

Familie: Araceae — Aronstabgewächse

Vorkommen: Der Kalmus stammt aus dem Orient und wurde im 16. Jahrhundert von den Türken nach Wien gebracht. Er hat sich inzwischen in Europa verbreitet und wächst an Flußufern, Teichrändern, Bächen und Gräben. In Sumpfgebieten des Tieflandes ist er ebenso zu Hause wie in den Bergen bis zu einer Höhe von 1100 m.

Beschreibung: Diese Wasserpflanze hat einen im Schlamm kriechenden, fleischigen Wurzelstock mit würzigem Aroma. Seine breiten, aufrechtlinearen Blätter werden bis zu 1 m lang und ragen über den Wasserspiegel hinaus. Aus der Seite des Stempels, der den Blättern ziemlich ähnlich sieht, bricht im Juni ein etwas gekrümmter, 4—6 cm langer Kolben hervor, der mit grünlichen, kleinen Blüten übersät ist. Vor den sechs grünen Hüllen, dem Perigon, sitzen die Staubgefäße mit gelbem Beutel und zwei- bis dreifächrigem Fruchtknoten. Die saftlose, ebenfalls grünliche Fruchtbeere gelangt bei uns in Deutschland selten zur Reife.

Drogen: Wurzelstock — Rhizoma Calami, Öl — Oleum Calami

Inhaltsstoffe: 1,5—5 % ätherisches Öl, Bitterstoff (Akorin), Calamin, Cholin, Gerbstoff, Schleim

Anwendung: Äußerlich findet der verdünnte Wurzelextrakt ein reiches Anwendungsgebiet zum Mundspülen bei Zahnfleischerkrankungen wie entzündetes oder blutendes Zahnfleisch, bei Zahnschmerzen und als Badezusatz bei skrofulösen und rachitischen Kindern, namentlich bei Knochenverkrümmungen. Kalmusöl benutzt man bei schwächlichen Kindern als Einreibemittel.

Da Kalmuswurzel ein ausgezeichnetes Bittermittel ist, wird es zur Appetitanregung, bei Magensäureüberschuß und Gärungs- oder Fäulnisprozessen im Darm gegeben. 1—4 g der zerkleinerten Wurzel werden mit kochendem Wasser überbrüht oder kurz abgekocht.

Kamille, echte
Matricaria Chamomilla

Volkstümliche Namen: Feldkamille, Hangenblume, Hermännchen, Helmchen, Kindbettblume, Lungenblume, Mägdeblume, Mutterkraut, Ramerian, Stomerinblume

Familie: Compositae — Korbblütler

Vorkommen: Die Kamille liebt das Licht. Wir finden sie auf Feldern, Brachland und an Feldrändern vor.

Beschreibung: Aus dem Samen, der sich im Herbst aussät, wird zunächst die zartfiedrige Blattrosette, die überwintert und erst im nächsten Frühling den Stempel treibt, der zuerst noch in Knoten zusammengedrängte Blätter zeigt, sich dann aber zu einem buschig-luftigen, fiedrigen und lichtgrünen Blattwerk entfaltet. Oben sitzen an den Enden die zahlreichen goldgelben Blütenköpfchen

mit den zartweißen Randblüten. Durch den Hohlraum im Blütenboden und den süßen, aromatischen Duft sind sie nicht zu verwechseln mit der größeren, aber medizinisch wertlosen Hundskamille (Anthemis arvensis).

Drogen: Blüten – Flores Chamomillae vulgaris, Öl – Oleum Chamomillae aethereum, Tinktur – Tinctura Chamomillae

Inhaltsstoffe: mindestens 0,4% ätherisches Öl (dunkelblaues Azulen), Bisabolol, Glykosid, Bitterstoffe, ein Gemenge von Fetten wie Zerotin, Stearin, Palmin, Linolsäure und Cholin, Apigenin (entzündungshemmend)

Anwendung: Die Kamille wächst bei uns bekanntlich überall, und es hat sich auch gezeigt, daß unsere deutsche Kamille als Heilpflanze sehr hochwertig ist. Trotzdem müssen wir die Drogen meist aus Ungarn, Rumänien, Griechenland, Bulgarien und sogar aus Argentinien verhältnismäßig teuer beziehen, weil die Ernte der angebauten Kamille recht schwierig ist. Die Kamille ist von jeher eines der Hauptheilmittel in der Volksmedizin, denn sie wirkt heilend, krampfstillend und entzündungshemmend. Diese Eigenschaften machen sie i n n e r l i c h erfolgreich bei Magen- und Darmleiden und bei akutem Blasenkatarrh.

Ä u ß e r l i c h macht man Umschläge auf schlecht heilende Wunden, entzündete Augen, Haut und Schleimhäute. Auch Einläufe mit Kamillentee werden als sehr wohltuend empfunden (1 Teelöffel überbrüht man mit 1 Tasse kochenden Wassers).

Bei Schnupfen, Stirnhöhlen- und Kieferhöhlenentzündungen macht man Kamillendampfbäder, indem man in einen Topf mit etwa 3 Eßlöffeln Kamille kochendes Wasser gibt und die Dämpfe einatmet. Die neuesten medizinischen Forschungen haben außer den drei oben genannten Eigenschaften noch eine ganz neue und wesentliche ergeben: Danach hat die Kamille entgiftende Wirkung auf die Toxine verschiedener Bakterien, u. a. auf die Toxine von Staphylokokken und Streptokokken. Nicht die Vermehrung der Bakterien wird verhindert wie durch Antibiotika, durch deren Wirkung in vielen Fällen eine Resistenz der Bakterien entsteht und damit verbunden eine Unwirksamkeit der verabreichten Mittel, sondern die von den Bakterien ausgeschiedenen Giftstoffe, die den menschlichen Organismus außerordentlich belasten, werden unschädlich gemacht. Dazu gehören nur sehr geringe Mengen des ätherischen Öles der Kamille. Diese neue Erkenntnis erklärt nun auch, warum das Allgemeinbefinden eines Patienten sich so schnell nach der Anwendung von Kamille bessert.

Klatschmohn
Papaver rhoeas

Volkstümliche Namen: Ackerschnallen, Blutmohn, Feuerblumen, Feuermohn, Flattermohn, Klatschrosen, Kornrosen, Paterblumen

Familie: Papaveraceae – Mohngewächse

Vorkommen: In Europa ist Klatschmohn überall als Ackerunkraut bekannt. Er wächst aber auch auf unbebautem Boden wie Abhängen, Böschungen, Rainen und Weinbergen.

Beschreibung: Rot leuchten die Blüten unserer vier wilden Mohnarten aus dem saftigen Grün der jungen Saat. Unsere Papaver rhoeas bildet die größte Blüte. Auf schwankem Stiel wächst sie empor, eingeschnittene, längliche Blätter hinter sich lassend. Schmächtig wirkt die ganze Pflanze. Die Knospen hängen. Erst die sich entfaltende Blüte richtet sich halb auf. Alles ist Blüte an diesem Gewächs, aber ihre tiefrote Pracht währt nicht lange. Ein Windhauch, und die vier Blütenblätter mit dem blauschwarzen Grund fallen herab. Ihr Feuer verbleicht am Boden, während die trockene Kapsel starr in die Luft ragt. Der Milch-

saft des heimischen Mohnes hat nichts von der Giftigkeit des angebauten Papaver somniferum.

Drogen: Blüten — Flores Rhoeados

Inhaltsstoffe: Gummi, Fett, Gerbstoff, Stärke, Wachs, Harz, ein harmloses Alkaloid, Rhoeadin, Rhoeadinsäure, Klatschrosensäure, roter Farbstoff

Anwendung: Klatschmohntee wurde früher kleinen Kindern als Beruhigungsmittel gegeben und wird heute in manchen Gegenden noch immer in dieser Weise gebraucht. Die moderne Wissenschaft hat neben der beruhigenden Wirkung auch herausgefunden, daß Klatschmohn dem Stoffwechsel anregende Impulse gibt.

Klee
Trifolium pratense

Volkstümliche Namen: Bienenklee, Honigklee, Hummellust, Rotklee, Spanischer Klee, Wiesenklee

Familie: Leguminosae — Hülsenfrüchtler. Unterfamilie: Papilonaceae — Schmetterlingsblütler

Vorkommen: Die ältesten Nachrichten über den Anbau des Wiesenklees deuten auf die Zeit der spanischen Herrschaft über die Niederlande, von wo ihn protestantische Flüchtlinge ins Rheinland und nach dem Elsaß brachten. Heute wird er genau wie der weiße Klee (Trifolium album) in ganz Mitteleuropa angebaut.

Beschreibung: Aus der Wurzel schwingen sich auf langem Stiel die so bekannten Dreiblätter über die

Erde, denen schon in alten Zeiten der Aberglaube anhaftete, daß sie Glück im Spiel, aber auch im Leben bringen sollten. Wer so ein Dreiblatt bei sich trug, hatte die Gabe, Hexen, Zauberer und gute Feen zu erkennen. Das Christentum sah in dem dreigeteilten Blatt ein Sinnbild der Dreieinigkeit. So wurden Grundrisse der Kirchen und Kirchenfenster nach dem Kleeblatt gestaltet. Die Blütenstände sind bei unserer Kleeart zu einer Kugel zusammengehalten. Blütenblätter und Staubgefäße sind fest zu einem Stück verwachsen. Kinder zupfen auf den Wiesen gern die einzelnen Blüten aus und saugen den süßen Saft auf.

a) Blüte vergr.

Drogen: Blüten — Flores Trifolii rubri

Inhaltsstoffe: Ätherisches Öl, Gerbstoffe, Duftstoffe
Anwendung: Rot- und Weißkleeblüten sind ein beliebtes Mittel gegen Husten. Weißkleeblüten werden in der Volksheilkunde gern gegen Gicht, Rheuma und Weißfluß gebraucht.

Klette
Arctium lappa

Volkstümliche Namen: Bezoarwurzel, Klattendistel, Kleberwurzel
Familie: Compositae — Korbblütler
Vorkommen: In allen Erdteilen ist die Klette als Schuttpflanze an Zäunen, Wegrändern und auf Erdhaufen weit verbreitet.
Beschreibung: In der Nähe menschlicher Behausungen findet sich die Klette ein. Dort bohrt sich die kräftige Wurzel bis zu einem halben Meter tief in den feuchten Schutt. Die Pflanze hat gern reichlich Licht. Mit ihren großen herzförmigen Grundblättern bedeckt sie den oft wenig schönen Boden. Der starke Stengel verzweigt sich weit zu einem reich beblätterten Busch, aus dem Doldentrauben von violetten Blüten aufsteigen. Bei den Kindern sind sie wegen der hakenförmig gekrümmten Hüllschuppen beliebt, durch die sich die Blütenköpfchen an Kleidern und Haaren festhaken und schwer wieder zu entfernen sind. So werden die Samen auch von Tieren verbreitet, in deren Fell sich die Kletten festsetzen.
Drogen: Wurzel — Radix Bardanae

Inhaltsstoffe: 40—50 % Inulin, 5 % Glukose, Schleim, ätherisches Öl, Harz, Gerbstoffe, 3—4 % mineralische Substanzen, 12 % Rohprotein, Stigmacterin und Sitosterin

a) Blüte
b) Frucht

Anwendung: Als kräftig schweiß- und urintreibendes Mittel findet es seinen Wirkungsbereich bei Gicht, Rheuma und Hautkrankheiten. Aus 3—5 g der getrockneten Wurzel wird mit 1 Tasse kochenden Wassers ein Tee aufgebrüht oder auch leicht gekocht.
Die äußerliche Wirkung als Haarwuchsmittel ist altbekannt. Auch Paracelsus empfiehlt die Klette in dieser Hinsicht. Als Blutreinigungsmittel ist sie Bestandteil des Holztees (Species Lignorum).

Königskerze
Verbascum thapsiforme

Volkstümliche Namen: Fackelblume, Feldkerze, Hildebrand, Himmelbrand, Marienkerze, Wollblume, Wollkraut
Familie: Scrophulariaceae — Rachenblütler
Vorkommen: Auf steinigem, kiesigem und tonigem Grund steht an sonnigen Abhängen, Straßenböschungen, Steinbrüchen und Schuttplätzen, über ganz Europa verbreitet, die Königskerze.
Beschreibung: Die bis zu zwei Meter hohe Pflanze hat ihren Namen dem kerzengeraden, pyramidenartigen, zeptergleichen Wuchs zu verdanken. Am Stengel herablaufende Blätter, auf beiden Seiten weißfilzig und nach oben immer kleiner werdend, bilden den unteren Teil der Pyramide, während der obere Teil von den strahlend gelben Blüten gekrönt wird. Diese zeigen fünf fast gleiche Blütenblätter. Die fünf gelben Staubgefäße teilen sich in zwei Arten. Die drei oberen haben behaarte, etwas kürzere und quer aufgesetzte Staubbeutel, die beiden unteren sind kahl und der Länge nach angewachsen.
Drogen: Blüten — Flores Verbasci
Inhaltsstoffe: Bis zu 11 % Zucker, Fett, Bitterstoff, Saponin, Spuren ätherischen Öls, sehr viel Schleim, Gummi, Farbstoff, apfelsaure und phosphorsaure Salze
Anwendung: Äußerlich benutzt man einen Absud von 5 g auf eine Tasse Wasser als erweichende und schmerzlindernde Auflage zur Be-

handlung von Geschwüren, Wunden und äußeren Hämorrhoiden.

Der innerliche Gebrauch ist wegen des starken Schleimgehaltes und der gleichzeitigen Anwesenheit von Bitterstoffen und eines Saponins bei krampfhaften Zuständen des Verdauungstraktes und dessen Erschlaffung angezeigt, aber auch bei entzündeten und verschleimten Luftwegen. Günstig ist ebenfalls der Einfluß auf Leber- und Gallenleiden.

Kohl
Brassica oleracea

Volkstümliche Namen: Der Gemüsekohl ist uns in verschiedenen Züchtungen bekannt: Blumenkohl, Grünkohl (Krauskohl), Kohlrabi, Rosenkohl, Rotkohl, Weißkohl, Wirsing.
Familie: Cruciferae — Kreuzblütler
Vorkommen: Die Heimat des Kohls ist Europa. In seinem ursprünglichen Zustand war er zäh, hart und scharf. Durch Züchtung wußte man diese Nachteile zu beseitigen und erhielt mehrere Sorten. Heute wird Kohl überall angebaut.
Beschreibung: Hier soll nur der Wirsing näher betrachtet werden, weil er als Heilpflanze besonderen Wert hat. Aus einer kräftigen Wurzel entwickeln sich im ersten Jahr grüne Blätter. Die inneren, zarteren bedecken sich gegenseitig und bilden so den runden Kopf, während die äußeren Blätter wie eine Halskrause um den Kohlkopf stehen. Im nächsten Frühjahr entfalten sich zu einem langen Schaft die weißlichen Blüten, deren Früchte Schoten sind.

Drogen: Als Droge nicht im Handel

Inhaltsstoffe: Stärkemehl, Eiweiß, Harz, ein gummihaltiger Extrakt, Kaliumsulfat, Kaliumnitrat, Eisen- und Magnesiumoxyd, Schwefel, Phosphor, Zink und die Vitamine C, B_1, B_2, PP und V.

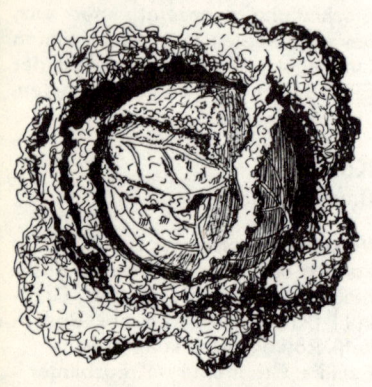

Anwendung: Der Kohl galt bei den Römern während sechs Jahrhunderten als Universalheilmittel. Bei Plinius wird er erwähnt, und Cato pries ihn gegen die Pest an. Die Legionäre gebrauchten ihn zur inneren und äußeren Reinigung, für Umschläge und zur Behandlung von Wunden. Mit dem Verfall des römischen Reiches geriet der Kohl als Heilmittel in Vergessenheit. Im 16. Jahrhundert erfahren wir wieder etwas über die Heilkräfte des Kohls durch den Leibarzt des deutschen Kaisers, Maximilian II., namens Rembert Dodens. Von da an finden wir immer wieder Hinweise, bis ein französischer Arzt von der Faculté de Paris, Dr. Blanc, im 19. Jahrhundert dem Kohl durch seine Behandlungen mit diesem Gewächs und durch ein Buch, das über seine ausgezeichneten Erfahrungen berichtet, zu neuem Ansehen verhalf.

Durch Umschläge mit den Blättern des Wirsingkohles (man kann notfalls auch Weißkohl nehmen) werden Wunden, alle Arten von Geschwüren, Ekzeme, Flechten, Rheuma, Gicht, Entzündungen, Verbrennungen, Furunkel, Nesselfieber, Blutergüsse, Frostbeulen, Milchschorf bei Kindern, Akne, eiternde Wunden und auch Krankheiten innerer Organe geheilt.

Die Blätter ziehen aus der Haut oder Wunde eine übelriechende Absonderung, mit der Körpergifte aus Gewebe und Blut austreten. Danach verheilt die Haut und bei Wunden bilden sich gutverheilte Narben.

Es ist vorteilhaft, einen Wirsing für die Umschläge zu benutzen, der weder chemisch gedüngt, noch mit Insektiziden behandelt worden ist und aus gesundem Boden stammt. Unter anderen Voraussetzungen gezogener Kohl kann niemals diese großartige Wirkung haben. Die Kohlblätter werden gut gewaschen, von der Mittelrippe befreit und mit einem Nudelholz oder einer Flasche ausgewalzt, damit die Blattadern zerquetscht werden. Dann lege man ihn vorgewärmt auf die entsprechende Körperstelle in mehreren Lagen auf und bedecke die Blätter mit einem Verband. Bei Wunden und Geschwüren sollte man zu beiden Seiten der Blattachse des Kohlblattes Streifen für den Umschlag schneiden und diese sorgfältig ausrollen. Sie werden dann dachziegelartig aufgelegt, müssen die Wunde überall bedecken und dürfen keine Falten werfen, damit nicht Schmerzen auftreten. Der Umschlag wird morgens und abends erneuert, in besonders schweren Fällen öfter. Schon nach kurzer Zeit tritt eine deutliche Besserung ein.

Kornblume
Centaurea cyanus

Volkstümliche Namen: Kornnelke, Kornnägelein, Rockenblume, Sichelblume, Tremsenblume, Zachariasblume
Familie: Compositae — Korbblütler

Vorkommen: Die Heimat der Kornblume ist das Mittelmeergebiet und erstreckte sich von Sizilien über den Balkan bis nach Vorderasien hinein.

Mit dem Getreideanbau wurde sie über die ganze Erde verbreitet.
Beschreibung: Auf etwa 70 cm hohem Stengel, der reich verästelt ist und schmale Blätter trägt, stehen die Korbblüten mit großen, sechszipfligen Strahlenblüten und viel kleineren und zahlreichen Scheibenblüten.
Drogen: Blüte — Flores Cyani
Inhaltsstoffe: Eisengrünender Gerbstoff, blauer Farbstoff
Anwendung: Die Blüten dienen in Teemischungen fast ausschließlich als Färbedroge. Hier und da ist die Kornblume als Volksheilmittel bei Weißfluß und als Abführmittel bekannt (2—4 g der getrockneten Blüten werden mit 1 Tasse kochenden Wassers überbrüht).

Kreuzblume
Polygala amara

Volkstümliche Namen: Bitteramselkraut, Blaue Milchblume, Hahnenkopf, Himmelfahrtsblume, Natterblume, Pilgerblume, Ramsel
Familie: Polygalaceae — Kreuzblumengewächse
Vorkommen: Die Kreuzblume bevorzugt sumpfigen, moorigen Grund oder feuchte Wiesen und gedeiht in ganz Europa.
Beschreibung: Aus einer schmächtigen, faserigen Wurzel entwickelt sich eine Rosette mit eiförmigen Blättern, aus denen der Blütenstengel mit mehr lanzettlichen Blättern und einer endständigen Traube dunkelblauer Blüten aufsteigt. Seltener sind die Blüten rötlich oder weiß.

Drogen: Kraut — Herba Polygalae amarae

Inhaltsstoffe: Ätherisches Öl in Spuren, kristallinischer Bitterstoff (Polygamarin), Wachs, Eiweiß, etwas fettes Öl, Gerbstoff, Zucker, Pektin, Saponin, Polygalasäure, Mineralstoffe

Anwendung: Kreuzblume findet nur innerlich Verwendung. Infolge seines starken Gehaltes an Bitterstoff ist es bei Magen- und Darmleiden ein vorzügliches Mittel. Kneipp empfahl es bei Bronchitis. Bei Lungenleiden hat es sich bewährt. Nur bei Tuberkulose, die mit Fieber verbunden ist oder mit blutigem Auswurf, darf es nicht gegeben werden. 1—3 g des getrockneten Krautes übergießt man mit 1 Tasse kochenden Wassers.

Kümmel
Carum carvi

Volkstümliche Namen: Brotkümmel, Carven, Fischkümmel, Garbe, Kämen, Karbei, Kiem, Köm, Kümmich, Mattenkümmel, Wiesenkümmel
Familie: Umbelliferae — Doldengewächse
Vorkommen: Unser Kümmel wächst nördlich der Alpen in ganz Europa bis nach Norwegen hinauf und in Nord- und Mittelasien wild. Er gedeiht auf feuchten Wiesen, Rainen, auf Schwemmland und Böschungen. In vielen Gegenden wird er auch angebaut.
Beschreibung: Im ersten Jahr seines Wachstums entfaltet der Kümmel am Boden ein reiches Blattwerk möhrenähnlicher Blätter und auch eine fleischige Wurzel, die der Möhre sehr ähnlich sieht. Im zweiten Jahr schießen die Sprosse schnell auf, um mit ihren Dolden schon zu blühen, wenn der Frühling scheidet. Die Dolden und Döldchen haben keine Hüllblättchen, und die Eigentümlichkeit der weiß blühenden Dolden ist es, an den Rändern höhere Döldchen zu entwickeln als in der Mitte.

Drogen: Frucht — Fructus Carvi, Öl — Oleum Carvi
Inhaltsstoffe: 3—7 % ätherisches Öl, Wachse, Harz. Die Asche ergibt viel Kieselsäure und Eisenoxyd und außerdem Magnesiumoxyd.

a) Blüte
b) Doppelfrucht

Anwendung: Kümmel wirkt kräftigend auf Magen und Darm und regt die Verdauungsdrüsen an. Der Stoffwechsel wird belebt. Blähungen werden vertrieben sowie Magen- und Uteruskrämpfe behoben. Eine Abkochung (4—5 g der Früchte werden mit 1 Tasse Wasser angesetzt und kurz aufgekocht) fördert die Milchbildung bei stillenden Müttern. Für die Abkochung, die man Kindern gibt, nimmt man nur 2—3 g der Früchte.

Kürbis
Cucurbita pepo

Volkstümliche Namen: Babenkerne, Herkulessamen, Jonaskürbis, Kurbsch, Mandelkürbis, Türkenkopf
Familie: Cucurbitaceae — Kürbisgewächse
Vorkommen: Diese Kulturpflanze ist in Amerika zu Hause, wird jetzt jedoch überall in Gärten angebaut.

Beschreibung: Die rankende Pflanze trägt große, rauhe, fünflappige Blätter und fünfteilige, gelbe Blütenkelche. Die Geschlechter sind getrennt. Die weibliche Blüte steht auf dem Fruchtknoten, aus dem eine oft sehr große, meist sechsfächrige Frucht mit zahlreichen Samen hervorgeht.
Drogen: Samen — Semen Cucurbitae

Inhaltsstoffe: Viel fettes Öl, Eiweiß, Zucker, Lecithin, Phytosterin, Globulin, Harz, Enzyme, Diastase, Urease, Emulsin, etwas Salizylsäure, Vitamine, vor allem solche der E-Gruppe.
Anwendung: Die Samen des Kürbis, die man als Kürbiskerne bezeichnet, sind ein altbewährtes Mittel vor allem gegen Bandwürmer, aber auch andere Wurmarten. Doch nicht alle Kürbissorten haben Samen mit der wurmaustreibenden Wirkung. Um also bei einer Kur auch Erfolg zu haben, wende man ein in Reformhäusern und Apotheken gehandeltes Präparat »Kürbis-Granufink« an. Die Kur muß 8—14 Tage durchgeführt werden. Man nehme am besten nüchtern morgens eine kleine Handvoll Kerne und vermenge sie mit Quark, Müsli oder einem roh geriebenen Apfel. Auch ohne Zusatz haben sie einen guten, nußähnlichen Geschmack. Zum Abschluß der Kur nehme man 1—2 Eßlöffel Rizinusöl. Zur Sicherheit wiederhole man die Kur nach 6 Wochen.

Die Kürbiskerne haben den Vorteil vor anderen Wurmmitteln (siehe Wurmfarn), daß sie keine giftigen Nebenwirkungen haben und über längere Zeit unbedenklich genommen werden können.

Neuerdings hat man noch eine andere Wirkung der Kürbiskerne entdeckt. Sie tonisieren die Entleerungsmuskulatur der Harnblase und sind deshalb bei Prostatahypertrophie und Harnzwang hilfreich. Die Kürbiskerne können zwar das Prostataleiden nicht heilen, aber im Anfangsstadium und in Fällen, in denen eine Operation nicht nötig ist, da die Vorsteherdrüse keine störenden Ausmaße annimmt, sorgt die Einnahme von Kürbiskernen dafür, daß die Harnentleerung reguliert wird, die Beschwerden nachlassen und keine Harnstauung eintritt. Bei den zuletzt angeführten Leiden nehme man täglich dreimal 1 Teelöffel voll Kürbiskerne.

Labkraut

Galium aparine

Volkstümliche Namen: Bettstroh, Gliedstroh, Hundsklette, Käslabkraut, Liebfrauenstroh, Marienbettstroh, Marienbündel, Meyerkraut, Sternkraut

Familie: Rubiaceae — Rötegewächse

Vorkommen: Labkrautgewächse, von denen es viele verschiedene Arten gibt, wachsen überall an Zäunen, Wegrändern und Rainen.

Beschreibung: Mannshoch klettert dieses Kraut rhythmisch von Blattquirl zu Blattquirl und hält sich mit den rückwärtigen Borstenhaaren an Zäunen und Büschen fest. Die weißgrünen Blütchen, zu Trugdolden zusammengefaßt, sind nur schwach ausgebildet. Die kugeligen Früchtchen haften wie kleine Kletten an den Kleidern, denn sie sind dicht besetzt mit feinen Häkchen. Die Namen Marienbettstroh, Marienbündel und Liebfrauenstroh beziehen sich mehr auf das echte Labkraut und die anderen nicht klebenden Arten. Im Mittelalter glaubte man nämlich, daß Maria dieses Kraut in die Krippe legte, um den

Jesusknaben darauf zu betten. Wie das echte Labkraut, so enthält auch das klebende ein Labferment (ein Saponin), das die Milch zum Gerinnen bringt. Griechische Hirten machten aus Labkräutern eine Art Sieb, durch die sie die Milch gossen, um ihr Gerinnen zu fördern.

Drogen: Kraut — Herba Galii aparinis

Inhaltsstoffe: Saponine, Rubichlorsäure, Kieselsäure, Zitronensäure, Galitannsäure, roter Farbstoff

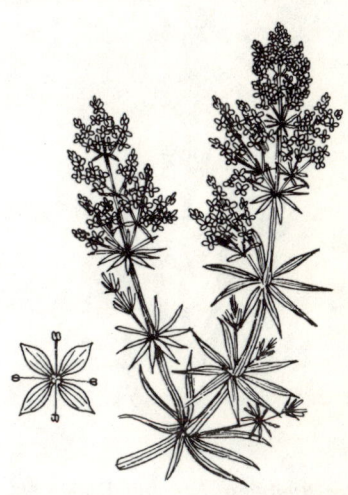

Anwendung: Die Saponine machen Labkraut zu einem harntreibenden und schleimfördernden Mittel. Es wird deshalb bei Nierenleiden und Wassersucht, aber auch bei Pleuritis, chronischen Hautausschlägen und Leberleiden gegeben. 2—4 g des getrockneten Krautes werden mit 1 Tasse kochenden Wassers überbrüht, niemals gekocht.

Lavendel
Lavandula officinalis

Volkstümliche Namen: Lavengel, Narden, Spikanard, Zöpfliblüten
Familie: Labiatae — Lippenblütler
Vorkommen: An den sonnigen, trockenen Hängen des westlichen Mittelmeeres ist diese licht- und wärmeliebende Pflanze heimisch. In Deutschland wird sie in Gärten und Parkanlagen gepflanzt.

Beschreibung: Aus dem Boden aufsteigend verzweigt sich der Sproß und bildet einen niedrigen Busch mit nadligen, weichen, bläulich-grünen Blättern, aus denen die Blütenähren in dem sanften, reinen Lavendelblau weit herausragen. Mit ihrem Duft überziehen sie die Berghänge der Seealpen.
Drogen: Blüten — Flores Lavandulae, Öl — Oleum Lavandulae

Inhaltsstoffe: Lavendel enthält in den getrockneten Blüten 1,5–3% ätherisches Öl, dessen wichtigster Bestandteil Linalool ist. Außerdem ist Geraniol und Kumarin vorhanden. Andere Bestandteile sind Harz, Gerbstoff und Bitterstoff.
Anwendung: Lavendel regt die Stoffwechseltätigkeit an und ist dabei besänftigend, beruhigend, krampflösend, schlaffördernd und nervenstärkend. 2 g der getrockneten Blüten werden mit 1 Tasse kochenden Wassers überbrüht. 5 Tropfen des Lavendelöls empfiehlt Kneipp zweimal täglich gegen Kopfschmerzen, Blähungen, Appetitlosigkeit und zur Förderung der Verdauung. Als Badezusatz hilft Lavendel bei Rheuma, Gicht und Ischias.

Leberblümchen
Hepatica nobilis
Anemone hepatica

Volkstümliche Namen: Edles Leberkraut, Goldleberkraut, Herzfreude, Herzleberkraut, Sternleberkraut, Vorwitzchen, Windrosenkraut
Familie: Ranunculaceae — Hahnenfußgewächse
Vorkommen: Das Leberblümchen wächst in ganz Europa in schattigen Wäldern.
Beschreibung: Wenn im Frühling die ersten Sonnenstrahlen den Schnee zum Schmelzen gebracht haben, taucht unversehens ein zartes Blümlein auf. Mit klaren, blauen Augen schaut es unbekümmert in die Welt und läßt sich auch von Frost und Schnee nicht mehr vertreiben. Ein rechtes Vorwitzchen! Ganze blaue

Teppiche bedecken den Waldboden und die braunen Blätter vom Vorjahr. Die schöne Blume hat wohlgeformte, dreigliedrige Blätter, weichbehaart. Die siebenblättrige, runde Blüte zeigt sich in reinem Blau.

Drogen: Kraut — Herba Hepaticae nobilis

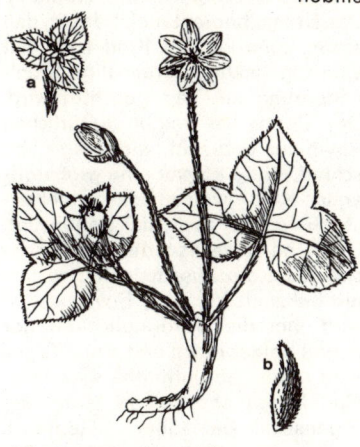

a) fruchttragender Kelch
b) einzelne Frucht, vergr.

Inhaltsstoffe: Die Pflanze enthält eine flüchtige, stickstofffreie Verbindung, das Anemol, das beim Trocknen der Pflanze in die Bestandteile Anemonin, Anemon und Isoanemonsäure zerfällt. Anemonol ist ein örtlich sehr reizendes Gift, das nach der Resorption zur Erregung und dann zur Lähmung des Zentralnervensystems führt. Dieses Gift ist nach dem Trocknen des Krautes völlig verschwunden. Ferner ist Gerbstoff, Harz, ein Glykosid Hepatrilolin und im Wurzelstock Saponin vorhanden.

Anwendung: Das getrocknete Kraut wird als adstingierendes und kräftigendes Mittel hauptsächlich bei Leber- und Gallenleiden gegeben (2—4 g des getrockneten Krautes werden mit 1 Tasse kochenden Wassers überbrüht).

Lein
Linum usitatissimum

Volkstümliche Namen: Flachs, Flachshere, Flachslinsen, Haarlinsen, Leinkörnle, Leinwanzen

Familie: Linaceae — Leingewächse

Vorkommen: Der Flachs hat sich vermutlich aus dem in den Mittelmeerländern wild wachsenden schmalblättrigen Lein, Linum angustifolium, entwickelt, denn unser Linum usitatissimum ist als wild vorkommende Pflanze nirgends bekannt. Er wird aber überall angebaut, hauptsächlich in Rußland, Argentinien, Indien, Kanada, den USA und in Europa, wo aber nicht einmal der Eigenbedarf gedeckt werden kann.

Beschreibung: Der Lein oder Flachs zählt zu den ältesten Kulturpflanzen der Erde. In altägyptischen Gräbern und in den Schweizer Pfahlbauten der Steinzeit fand man Leinenkleider. Die ägyptische Göttin Isis, die Spenderin des Flachses, verlangte von ihren Priestern, daß sie nur reinstes Leinen für ihre Kleidung verwenden dürften. Freya war die Flachsgöttin des Nordens, welche die fleißigen Spinnerinnen belohnte, die faulen aber bestrafte. Die alten Preußen und Litauer verehrten ihren eigenen Flachsgott, Waizganthos. Eine Flachsgöttin, Pschipolnitza, gab es bei den Wenden. Die Parsen der alten Griechen und die Nornen des Nordens spannen den Schicksalsfaden, dessen Reißen den Tod bedeutete. In den Märchen der meisten Völker kommt der Flachs vor.

So sehr der Flachs auch im Kulturleben der Völker eine Rolle spielt, so wenig sieht man dem zarten, blauen Pflänzchen seine Wichtigkeit und Nützlichkeit an. Der dünne Stiel trägt lanzettförmige Blättchen, aus deren Achseln wenige Seitentriebe sprießen, an deren Enden die Blüten stehen, die im August das Flachsfeld wie eine herrlich blaue Wasserfläche erscheinen lassen. Am Abend jedoch verschwindet diese Pracht. Die Blüten schließen sich. Die Fünf ist beim Flachs eine wichtige Zahl. Nicht nur fünf Blütenblätter bilden den Kelch, fünf Staubgefäße sind unten zu einem Ring zusammengewachsen, fünf feine Zähnchen stehen dazwischen, die fünf Abteilungen der Kapsel sind durch fünf falsche Scheidewände nochmals getrennt, so daß sie zweimal fünf Samen enthält.

Drogen: Samen — Semen Lini

Inhaltsstoffe: Linolensäure, 3 – 6 % Schleim, Linolsäure, 20 % Eiweiß, 0,8 % Lezithin, 1,5 % Linamarin, 2 – 2,5 % Zucker und Enzyme, darunter eine Lipase, deren Aktivität um so geringer wird, je reifer der Same ist. Das Linamarin ist ein Glykosid, das durch Enzyme bei Gegenwart von Wasser in Zucker, Azeton und Blausäure gespalten wird.

Anwendung: So wichtig im Altertum die Fasern zur Herstellung der Kleidung aus Flachs war, die bei uns keine so große Rolle mehr spielt, so aktuell sind für uns die Leinsamen, deren Bestandteile in verschiedener Hinsicht hilfreich für Gesunde und Kranke sind.

Die meisten Menschen leiden heute unter chronischer Stuhlverstopfung. Das Drama beginnt meist damit, daß schon beim kleinen Kind nicht auf eine regelmäßige, dreimalige Stuhlentleerung am Tag geachtet wird. Der Darm, um seinen natürlichen Rhythmus gebracht, wird träge und schlaff. Hinzu kommt eine grobstoffarme Kost, welche die Stuhlverstopfung noch zusätzlich begünstigt. Dem heranwachsenden Jugendlichen sind die Zusammenhänge fast nie bekannt. Von den Erwachsenen wird ihm die Vordringlichkeit der Arbeit beigebracht, und eines Tages wird zum Abführmittel gegriffen. Nun haben aber diese Mittel die Eigenschaft, bei längerem Gebrauch zu einer Gewöhnung zu führen. Die Dosis wird immer stärker, der Darm wird gereizt, die Schleimhäute entzünden sich, und der chronische Darmkatarrh ist da. Der Darm ist abwechselnd verkrampft oder erschlafft und erholt sich ohne wirkliche Hilfe nicht mehr.

Grobe Kost, welche die Peristaltik anregen würde, ist bei so einem geschädigten Darm nicht mehr möglich. Hier ist der Leinsamen das gegebene Mittel. Der in den meisten Fällen jahrelang geschädigte Darm läßt sich allerdings nun nicht in einem Tag in Ordnung bringen. Man verwende zum Frühstück, Mittag- und Abendessen jeweils 2 Eßlöffel

am besten frisch geschroteten Leinsamen, den man unter Quark, Dickmilch, Obstspeisen, roh geriebene
Äpfel, Kartoffelbrei, Reis und viele
andere Gerichte mischen kann. Man
kann auch ganze Körner nehmen,
aber geschrotete quellen schneller
und gründlicher im Darm. Dieses
Quellen ist gerade das Wichtige.
Der quellende Leinsamen bildet
einen Schleim, der den Darminhalt
durchdringt, die Masse vermehrt
und eine gleitende und gleichzeitig
schützende Schicht über die Darmschleimhaut zieht. Das in den Kör-
nern vorhandene Öl dient in gleicher
Weise als Gleitmittel. Nach 2—3 Tagen stellt sich der gewünschte Erfolg ein. Nun setze man aber den
Leinsamen nicht wieder vom täglichen Speisezettel ab. Die Kur muß
bei vorangegangener längerer Stuhlverstopfung über Wochen fortge-
setzt werden. Später schränke man
die Menge ein, und nach Monaten
kann man den Genuß von Leinsamen auf 2 Eßlöffel zum Frühstück
beschränken.

Eine ganz andere Wirkung hat das
Einweichen des Leinsamens. Abends
wird dieser mit warmem Wasser
übergossen und stehengelassen.
Über Nacht bildet sich der gewünschte Schleim, den man morgens
nüchtern schluckweise trinkt, um
einen Magenkatarrh auszuheilen. Ist
der Magen schwer geschädigt, macht
man eine Kur, bei der man einige
Tage nur gekochten Leinsamentee
(1 Teelöffel Leinsamen kocht man
5 Minuten mit 1 Tasse Wasser), gemischt mit der gleichen Menge Kar-
toffelwasser (1 mittelgroße gewa-

schene Kartoffel zerkleinert man, kocht sie mit 1 Tasse Wasser 20 Minuten lang, seiht ab) und einem Eßlöffel frisch gepreßtem Möhrensaft trinkt. Man bereite etwa 1 1/2 l dieser Mischung und trinke sie über den Tag verteilt. Damit keine Selbstvergiftung eintritt, muß man morgens und abends einen Einlauf machen. Dazu benutzt man einen Irrigator, den man zuerst nur mit 1/2 l lauwarmem Wasser, Kamillentee oder auch Leinsamentee füllt. Ist diese Menge in den Darm eingeführt, legt man sich zuerst auf die rechte Seite, dann auf den Rücken und schließlich auf die linke Seite, wobei man jedesmal einige Atemzüge machen soll. Danach erfolgt die Darmentleerung. Dasselbe wiederhole man mit 1 l Flüssigkeit. Diese Einläufe beschränke man nach der Kur auf den ersten Teil. Am ersten Tag nach diesem mehrtägigen Fasten darf man morgens nur etwas Dickmilch mit Leinsamenschrot bestreut zu sich nehmen, mittags etwas Kartoffelbrei oder eine geschälte und in etwas Quark mit Leinöl zerdrückte Pellkartoffel und abends wieder Dickmilch mit Leinsamenschrot. Am folgenden Tag nehme man mittags und abends etwas Kopfsalat dazu, am dritten Tag morgens einen Apfel, mittags und abends geraspelte Möhren, und dann gehe man zur normalen Kost über. Morgens sollte man auf nüchternen Magen aber noch lange Zeit einen Leinsamentee trinken.

Eine andere wichtige Funktion übt das Leinöl auf unseren Organismus aus. Es enthält die dreifach ungesättigte, sehr sauerstoff-freundliche Linolensäure und hat damit eine besonders günstige Wirkung auf die Zellatmung. Ungesättigte Fettsäuren, die in keinem anderen Fett so zahlreich vorhanden sind wie im Leinsamen, aktivieren die Fermentvorgänge, wirken als Hemmstoffe für Toxine, sind mitbeteiligt an der Bildung der Antigene und erhöhen die Widerstandskraft gegen Infektionen. Alle diese Punkte spielen bei allen Krankheiten eine große Rolle. Deshalb sollten wir vorbeugend unsere Speisen täglich mit kalt geschlagenem Leinöl anreichern. Wer eine Unterfunktion der Leber hat, mache eine mehrwöchige Kur, indem er morgens, mittags und abends 2 Eßlöffel geschroteten Leinsamen und 2 Eßlöffel Leinöl den Speisen zusetzt. Leinöl darf wie alle anderen Fette, die ungesättigte Fettsäuren enthalten, niemals erhitzt, sondern warmen Speisen immer erst nach dem Kochen beigefügt werden. Butter, Margarine und gehärtete Fette sind während dieser Zeit verboten. Als Brotaufstrich verwende man Diäsan (Reformhaus) wegen des hohen Gehaltes an Leinöl. Man sollte jedoch nicht nur eine Komponente, nämlich das Öl, bei solch einer Kur berücksichtigen. Erst zusammen mit qualitativ hochwertigem Eiweiß, Kohlehydrat und Mineralstoffen kann das Leinöl seine heilsame Wirkung vollkommen entfalten. Deshalb sind Sauermilch, Quark, grünes Blattgemüse, Wurzelgemüse und Vollkornprodukte in den täglichen Speisezettel unbedingt aufzunehmen. Auf dieser Basis ist Leinsamen und Leinöl auch ein ausgezeichnetes Mittel zur Vorbeugung gegen Krebs.

Vielfach wird eingewendet, daß die im Leinsamen enthaltene Blausäure eines unserer stärksten Gifte ist. Wie verhält es sich damit? Richtig ist, daß Leinsamen Blausäure enthält, aber diese kommt in so geringem Quantum vor, daß sie auch bei einer Erhöhung der Menge um das Vielfache dessen, was für eine Behandlung notwendig ist, niemals zu einer Vergiftung führen könnte. Dazu kommt, daß Blausäure in den Leinsamenkörnern nur in einer Vorstufe enthalten ist, welche die Blausäure erst durch einen fermentativen Prozeß freigibt. Bei Leinsamen ist die Bindung so stark, daß die Bedingungen in Magen und Darm eine Abspaltung kaum eintreten lassen. Die moderne Wissenschaft hat bestätigt, was Erfahrungen in der Praxis längst erwiesen haben, daß wir nämlich hinsichtlich der Blausäure im Leinsamen ganz unbesorgt sein können.

Äußerlich benutzt man Leinkuchen (Placenta Seminis) als Kataplasmen bei Geschwüren, Schwellungen und bei Entzündungen, Schmerzen und Koliken innerer Organe.

Leinkraut
Linaria vulgaris

Volkstümliche Namen: Ackerleinkraut, Flachskraut, Frauenflachs, Harnkraut, Heideflachs, Katharinenflachs, Marienflachs, Stärkekraut, Wilder Flachs, Wildes Löwenmaul

Familie: Scrophulariaceae — Rachenblütler

Vorkommen: In Europa wächst Leinkraut überall auf Wiesen, an Wegrändern, Schuttplätzen, steinigen Äckern, Böschungen und Waldrändern.

Beschreibung: Dieses Leinkraut hat nichts mit dem Lein oder Flachs (Linum usitatissimum) zu tun. Es erhielt seine vielen auf den Flachs hindeutenden Namen nur dadurch, daß die Frauen im Mittelalter einen Absud des Krautes mit Alaun bereiteten, den sie der Stärke für das Leinen zusetzten. Wie man noch vor nicht allzulanger Zeit die Wäsche bläute, so gab man ihr damals einen gelblichen Ton, den man mit Leinkraut, Reseda, Färberginster oder Safran erzeugte.

Dieses weit verbreitete Kraut hat dünne, lanzettförmige Blätter und fällt vor allem durch die großen, gelben, zusammengedrängten Spornblüten auf, die fünfzipflige Blüten mit fünf Staubgefäßen und einem zwei- oder vierfächrigen Fruchtknoten aufweisen.

Drogen: Blühendes Kraut — Herba Linariae cum floribus

Inhaltsstoffe: Glykoside, darunter Linarin, organische Säuren wie Ameisen-, Gerb-, Zitronen- und Apfelsäure, Gummi, Zucker und Pektin.

Anwendung: Früher benutzte man Leinkraut als harntreibendes und abführendes Mittel. Heute wird es kaum noch gebraucht. Da es von Tieren nicht gefressen wird, dient es in Stallungen als Streu zur Vertreibung von Ungeziefern. In manchen Gegenden kocht man Milch mit Leinkraut und verwendet diese Abkochung als Fliegengift.

Linde

Tilia platyphyllos und cordata
(Sommer- und Winterlinde)

Volkstümliche Namen: Bastbaum
Familie: Tiliaceae—Lindengewächse
Vorkommen: Fast in ganz Europa finden wir auf Dorfplätzen, an Straßenrändern, aber auch im Laubwald diesen schönen Baum vor.

Beschreibung: Während alle Bäume bereits im April, Mai oder Juni blühen, weil die Knospen ja schon im Herbst vorgebildet werden, macht die Linde eine Ausnahme. Sie blüht erst im Juli, und das ist die Folge einer merkwürdigen Entwicklung in der Blütenknospe. Dort bildet sich nämlich im Frühling eine zweite Knospe, die dann zur Blütendolde wird, deren Stiel mit der Knospenschuppe verwächst, während sich diese zu einem gelblich-grünen Flügel auswächst, der die reife Frucht davonträgt. Die Winterlinde blüht acht bis vierzehn Tage später und duftet nicht so stark. Die Unterseite der Blätter sind mehr bläulich grün, die Früchte nicht kugelrund, sondern birnenförmig. Durch die vorherrschende Fremdbestäubung und das häufige Zusammenstehen dieser beiden Arten kommen oft Bastarde vor.

a) Blüte
b) Früchte mit Deckblatt

Drogen: Blüte — Flores Tiliae, Lindenholzkohle — Carbo Tiliae
Inhaltsstoffe: Glykoside mit schweißtreibender Wirkung, Gerbstoff, Zuk-

ker, Malate, Tartrate, ein Kohlenwasserstoff, dessen Schmelzpunkt bei 54 bis 56° liegt, Riechstoff, Phytosterin, Schleim, Wachs, Fett, gelber Farbstoff, Hesperidin

Anwendung: Lindenblütentee (3—5 g der getrockneten Blüten werden mit einer Tasse kochenden Wassers überbrüht) ist i n n e r l i c h gebraucht ein altes, bewährtes Hausmittel gegen Erkältungen. Er ist krampflösend, harn- und schweißtreibend. Kneipp gab ihn bei Husten und Verschleimung der Luftwege. Die moderne Medizin verwendet die Kohle gegen Blähungen, Magen- und Darmentzündungen, Typhus, Vergiftungen mit Alkaloiden, Arsen und Pilzen.

Früher streute man als ä u ß e r l i c h e Anwendung das Kohlepulver auf Geschwüre, Hautausschläge und eiternde Wunden.

Es ist darauf zu achten, daß nur die beiden angegebenen Arten der Linde angewandt werden. Die anderen und die Bastarde ergeben einen schlechten Geschmack des Tees.

Löffelkraut

Cochlearia officinalis

Volkstümliche Namen: Bitterkresse, Froschlöffel, Scharbockskraut, Skorbutkraut

Familie: Cruciferae — Kreuzblütler

Vorkommen: Diese salzliebende Pflanze wächst vor allem am Meeresstrand der Küsten Westeuropas bis in den hohen Norden, im arktischen Nordamerika und an der Küste Sibiriens. Auch in der Nähe von Salinen, aber auch an Quellen und Bächen ist sie zu finden.

Beschreibung: Dieses winterharte Kraut, das man bei härtestem Frost grün ernten kann, selbst wenn eine Eiskruste die Blätter bedeckt, entsprießt mit einer Bodenrosette langstieliger, ganzrandiger, löffelähnlicher Blätter einem vielfaserigen Wurzelstock. Im Frühsommer schießt ein Sproß empor, dessen wenige Blättchen den Hang zur Gliederung durch schwache Einkerbungen bezeugen.

Am Ende des oben verzweigten Sprosses stehen lockere, weiße Blütentrauben. Im Herbst kann diese lebenskräftige Pflanze nochmals Blüten treiben, und aus Sibirien wird berichtet, daß dort wachsende Arten von Frost und Schnee überrascht werden, eingefroren den Winter überstehen und im Frühjahr gelassen weiterblühen.

Drogen: Kraut — Herba Cochleariae
Inhaltsstoffe: Großer Reichtum an sehr haltbarem Vitamin C, Glykosid, Glykochlearin, Butylsenföl, Raphanol, Bitterstoff, Gerbstoff
Anwendung: Löffelkraut wurde schon früher, ehe man den hohen Gehalt an Vitamin C kannte, gegen Skorbut auf ausgedehnte Seereisen in eingesalzenem Zustand mitgenommen. Frühjahrsmüdigkeit und Ermüdung nach großen körperlichen Anstrengungen hilft Löffelkraut schnell überwinden. Es wirkt blutstillend bei gelockerten Geweben im Mund- und Nasenraum. Die getrocknete Pflanze ist ein gutes Diuretikum bei Wassersucht und salzlösend bei Gicht und Rheuma. Ebenso wirkt es günstig bei Harnverhaltung und Grießbildung.

Löwenzahn
Taraxacum officinale

Volkstümliche Namen: Apostelkraut, Augenmilchkraut, Butterblume, Kuhlattich, Kuhblume, Laternenblume, Leuchtenkraut, Marienschöpfl, Milchblume, Mönchsplatte, Papenkraut, Pfaffenkraut, Pusteblume, Sonnenwirbel, Wilde Zichorie
Familie: Compositae — Korbblütler
Vorkommen: Der Löwenzahn ist über die ganze nördliche Halbkugel bis in den hohen Norden hinauf verbreitet und wächst überall auf Wiesen, Feldern, an Straßengräben, Böschungen und in Gärten als Unkraut.
Beschreibung: Der pfahlartige Wurzelstock bohrt sich tief in die Erde. Über die Erde schickt er eine Roset-

te mit vielen Blättern. Die wertvollsten Pflanzen, vor allem die im Gebirge, die viel Licht bekommen, zeigen ein tief, oft bis zur Mittelrippe eingeschnittenes Blatt. Die Pflanzen im Schattig-Feuchten sind weniger gezäht und manchmal sogar gänzlich ungeteilt. Auch ein anderes Zeichen zeugt davon, daß der Löwenzahn ein ganz besonderes Verhältnis zu den kosmischen Lichtkräften hat. Die auf langem, glattem Röhrenstiel sich erhebende Korbblüte, ein Abbild der Sonne, zeigt ihre goldene Blütenfülle nur bei Sonnenschein, eine Wolke nur, und schon verschwindet die ganze Blütenkrone, vom grünen Hüllkelch umschlossen. Dieser sonnenhafte Blütenstand wandelt sich als Fruchtstand zu einer ganzen Sternenwelt, allen Kindern bekannt als Pusteblume. Der weiße Milchsaft des Stengels kann bei Kindern leichte Giftwirkung hervorrufen.
Drogen: Wurzel — Radix Taraxaci, Kraut — Herba Taraxaci
Inhaltsstoffe: Cholin, Bitterstoff, Stärke, Saponin, Fett, Enzym, Spuren ätherischen Öls, Wachs, Schleim, Lävulin, Karotinoide, mehrere Vitamine, darunter vor allem Vitamin B_2, Kieselsäure, Kalium, Magnesium, Kupfer, Zink, Kautschuk. Die Menge der Inhaltsstoffe wechselt mit der Jahreszeit.
Anwendung: Der Löwenzahn ist heute eine unserer wichtigsten Heilpflanzen. Die ganz jungen Frühlingsblätter benutzt man zu einer Blutreinigungskur. In Frankreich und Italien wird dieser Salat auf dem Markt angeboten und ist dort beson-

ders beliebt. Man kann zwei große Wirkungsbereiche des Löwenzahns unterscheiden. Da ist erstens die milde Anregung auf die großen Ausscheidungsorgane des Organismus, die Leber und die Niere. Zur Abtreibung eines Harnleitersteines trinkt man täglich jeden Morgen 1 ganzen Liter Löwenzahntee (2—4 g überbrüht man mit 1 Tasse kochenden Wassers). Zur Verhütung einer erneuten Steinbildung führt man diese Kur wöchentlich einmal durch. Auch zur Anregung von Leber- und Gallentätigkeit nimmt man Löwenzahntee.

Das zweite Anwendungsgebiet ist Rheuma. Hierfür nimmt man 1 Teelöffel der Droge auf 1 Tasse Wasser, überbrüht oder kocht ganz kurz auf, und läßt den Tee vor dem Abseihen noch 10 Minuten ziehen. Morgens und mittags trinkt man davon je 1 Tasse. Auch der frische Preßsaft, wie man ihn im Reformhaus oder in der Drogerie zu kaufen bekommt, wird morgens und mittags zu je 1—2 Eßlöffeln auf 1 Tasse warmen Wassers gegeben. Solch eine Löwenzahnkur, 4—6 Wochen durchgeführt, wirkt vor allem auf chronische Arthrosen (Arthrosis deformans), aber auch auf degenerative Erkrankungen der Wirbelgelenke (Spandylosis deformans) günstig ein.

Lungenkraut
Pulmonaria officinalis

Volkstümliche Namen: Bachkraut, Fleckenkraut, Hirschkohl, Lungenwurz, Blaue Schlüsselblume

Familie: Boraginaceae — Rauhhaargewächse

Vorkommen: Im größten Teil Europas, von Schweden bis in den nördlichen Balkan hinein, in Nord- und Mittelitalien ist diese Pflanze ziemlich verbreitet. Sie wächst hauptsächlich in lichten, nicht zu trockenen Laubwäldern.

Beschreibung: Wenn das Frühlingslicht noch ungehindert durch die blattlosen Baumkronen auf den Boden dringt, wächst aus einer waagerecht im Boden kriechenden Wurzel das Lungenkraut. Seine wechselständigen Blätter scheinen das Spiel von Licht und Schatten mit weißen Flecken zu beantworten. Seine Blüten haben große Ähnlichkeit mit der Schlüsselblume, ihre Farbe wechselt jedoch von einem hellen Rotviolett beim Verblühen ins Blaue über.

Drogen: Kraut — Herba Pulmonariae

Inhaltsstoffe: Schleim, Gerbstoff, Fett, Zerylalkohol, Phytosterin, Harz, Phlobaphene, Invertzucker, Polysaccharide, Mineralstoffe, Kieselsäure, Saponine

Anwendung: Äußerlich wird Lungenkraut in der Wundheilung benutzt. Aus dem Pulver der Wurzel und unteren Blätter wird ein Absud hergestellt, mit dem man Auflagen macht. Man streut auch das Pulver selbst auf Wundränder und Entzündungen.

Innerlich gibt man einen Tee aus 2 g des Krautes, die man mit 1 Tasse kochenden Wassers überbrüht. Über den Tag verteilt trinkt man 3 Tassen des Tees bei Lungenerkrankungen (sogar bei Lungentuberkulose), Bluthusten, Bronchitis, Hals-

entzündungen und Heiserkeit, aber auch bei Blutharn, Blasenschwäche, Ruhr und Durchfall.

Mädesüß
Filipendula ulmaria

Volkstümliche Namen: Spierstaude, St. Johanniswedel, Ulmenspiere, Wiesengeißbart, Wiesenkönigin

Familie: Rosaceae — Rosengewächse

Vorkommen: In ganz Europa und im nördlichen Asien wächst auf feuchten Wiesen, an Gräben, sumpfigen Seeufern und Flußläufen im Röhricht diese auffällige Pflanze.

Beschreibung: Durch den sumpfigen, feuchten Grund kriecht der Wurzel-

stock, bildet jedes Jahr ein neues Stück, aus den Knoten sich bewurzelnd, und schickt am Ende einen Trieb empor, an dem sich Blatt um Blatt, klar und unpaarig gefiedert, formt, bis der stattliche Stengel an der Spitze vom weißen Schaum der Blütenfülle übergossen wird. Die vielstrahlige Trugdolde verbreitet mit den Blüten, deren Farbe vergilbtem Linnen gleicht, einen starken herbsüßen Duft. Der Name Mädesüß entstand wohl, weil die Pflanze bei der Heumahd die Wiesen mit ihrem süßen Duft würzt. Auch zu dem englischen meadow = Wiese besteht eine Beziehung.

Drogen: Blüten — Flores Spiraeae ulmariae, Wurzel — Radix Spiraeae ulmariae

Inhaltsstoffe: Salizylsäure, das Glykosid Gaultherin, ätherisches Öl, Spuren von Heliotropin, Vanillin

Anwendung: Mädesüßtee (2—4 g werden mit 1 Tasse kochenden Wassers überbrüht) wirkt blutreinigend, harn- und schweißtreibend und wird deshalb bei Nieren- und Blasenleiden, Wassersucht, Gicht und Rheuma mit Erfolg angewendet.

Maiglöckchen
Convallaria majalis

Volkstümliche Namen: Maiblume, Maililie, Schneetropfen, Tallilie
Familie: Liliaceae — Liliengewächse
Vorkommen: Diese anmutige Blume blüht im mäßigfeuchten Halbschatten unserer kühlen Laubwälder, wenn sie schon die Sommerwärme ahnen lassen.

Beschreibung: Erst bei näherem Hinsehen erkennt man auch im Äußeren dieser zierlichen Pflanze, welche Spannungen sie austrägt. Aus dem verzweigten Wurzelstock, der im Herbst sein Wachstum an den Enden in Knospen abschließt, aus denen im Frühling zwei langgestielte, elliptisch-zugespitzte Blätter aus dem Boden hervorkommen, wächst ein blattloser aufrechter Blütensproß, rings von Blütenknospen umstanden. Öffnen sich die weißen Blüten, so wenden sie sich der Seite mit dem meisten Licht zu. Die Blüten auf den anderen Seiten ändern erst da ihre Richtung, wobei sich allerdings der aufrechte Schaft vor Schwere neigt. Den weißen Glöckchen folgen blutrote Fruchtkügelchen, die blaue Samen bergen. Eine Welt von Gegensätzen in dem kleinen Gewächs: Den Schatten liebt es und sucht das Licht, den Frühling liebt es und wächst in den Sommer hinein, sein Blütenschaft strebt gerade empor und verfällt der Schwere, die Blüten wollen alle Richtungen erfreuen und ergeben sich dem Licht, die reine Weiße der Blüten wandelt sich in rotes Feuer, das Feurige aber birgt ein Schattenreich, die blauen Samen, in denen doch wieder Leben beginnt.

Ein Blumenmärchen berichtet, daß die roten Früchte eigentlich heiße Tränen sind, die das Maiglöckchen um den scheidenden Frühling weint. Der Frühling liebt die kleine Blume zwar auch, aber er ist ein rechter Vagabund, der weder Rast noch Ruhe kennt. So kam es, daß er mit unserem Maiglöckchen nur tändelte, sie aber dann allein ließ im heißen Sommer. Das Blümlein trug still sein Leid, aber die weißen Glöckchen fielen ab und rote Tränen, sein Herzblut, quollen hervor.

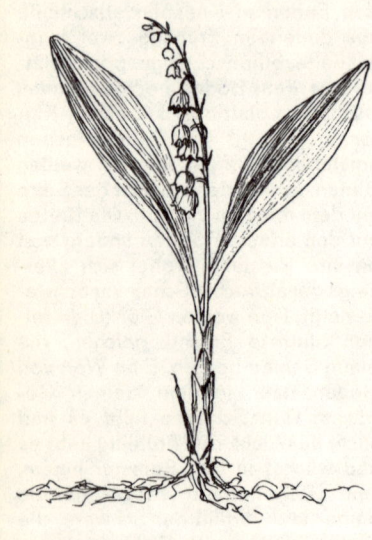

Der Duft des Maiglöckchens ist süß und kühl, man empfindet jedoch bald eine entzündliche Schärfe in der Nase.

Drogen: Blüten und Blütenstengel — Flores Convallariae majalis, Blätter — Folia Convallariae

Inhaltsstoffe: Ätherisches Öl und die Gifte Convallarin und Convallamarin.

Anwendung: Infolge der Giftigkeit ist das Maiglöckchen als Hausmittel nicht verwendbar und seine Anwendung und Dosierung dem Arzt zu überlassen. Die miteinander kämp-fenden Gegensätze dieser Pflanze deuten sich in seinem Anwendungsgebiet an, ist doch auch das Herz von diesen Gegensätzen, der Systole und Diastole, bestimmt. Diese Heilpflanze übt einen heilenden Einfluß auf Störungen im Herzrhythmus aus, besonders bei Jugendlichen, steigert den Blutdruck und löst Verkrampfungen bei Asthma.

Majoran
Origanum Majorana

Volkstümliche Namen: Blutwürze, Kuttelkraut, Mairalkraut, Mairandost, Wurstkraut

Familie: Labiatae — Lippenblütler

Vorkommen: In den warmen Mittelmeerländern beheimatet, wußten Griechen und Römer schon diese Heil- und Gewürzpflanze zu schätzen. Zu uns ist sie jedoch erst im 16. Jahrhundert gekommen, und seitdem wird sie in Gärten und Gärtnereien angebaut.

Beschreibung: Die zwei- und mehrjährige zierliche Pflanze bildet an verzweigten Stengeln kurzgestielte, rundliche Blätter und Blütenähren, deren weiße Lippenblütchen fast verdeckt sind.

Drogen: Kraut — Herba Majoranae

Inhaltsstoffe: Ätherisches Öl, kampferähnliche Stoffe, fettes Öl, Gerbstoff

Anwendung: Das beliebte Küchengewürz kräftigt Magen und Darm, hilft bei Koliken, Blähungen und Durchfall sowie durch seine krampflösende Eigenschaft auch bei Asthma, Lähmungen und Schwindelanfällen. Zur Bereitung eines Tees überbrüht man 2—4 g des Krautes mit 1 Tasse kochenden Wassers.

Majoransalbe war noch vor dem II. Weltkrieg ein bewährtes und beliebtes Mittel gegen Verstopfungen in der Nase, gegen Katarrhe, besonders bei Kindern wegen der milden Wirkung, und wurde zur Zerteilung von Milchknoten eingerieben.

Malve (wilde)
Malva silvestris
(Abbildung auf Seite 126)

Volkstümliche Namen: Blaue Malve, Hasenpappel, Johannispappel, Käsepappel, Katzenkäse, Roßpappel, Waldmalve

Familie: Malvaceae — Malvengewächse

Vorkommen: Die wilde Malve wächst in allen Erdteilen an Zäunen und Wegrändern, auf Schutt und in Steinbrüchen.

Beschreibung: Die Malvengewächse bilden eine an Gattungen und Arten reiche Familie, unter denen in wärmeren Zonen Sträucher wie der Baumwollstrauch und mächtige Bäume zu finden sind. Bei uns in Mitteleuropa wächst hauptsächlich die eigentliche Käsepappel (Malva neglecta), eine niederliegende Art, und die wilde Malve (Malva silvestris). Die letztere Art wird meterhoch, hat einen behaarten Stengel und fünf- bis siebenlappige, breitgekerbte Blätter, aus deren Achseln Sträußchen von rosaroten, zarten Blüten wachsen.

Drogen: Blüten — Flores Malvae silvestris, Blätter — Folia Malvae silvestris

Inhaltsstoffe: Viel Schleim, Gerbstoff, Stärke, ein Farbstoff (Malvin)

Anwendung: Ä u ß e r l i c h werden mit einem Absud (auf 1 Teelöffel Kraut und Blüten wird 1 Tasse Wasser gegeben und kurz gekocht. Vor dem Abseihen läßt man 5 Min. ziehen) erweichende Umschläge bei verhärteten Drüsen, Geschwüren und schmerzhaften Hämorrhoiden gemacht. Der Absud hilft auch bei Rachenentzündungen und Mundgeschwüren als Gurgelmittel. Umschläge bei Lidrandentzündungen sind ebenfalls empfehlenswert.
I n n e r l i c h ist Malventee als gutes Mittel gegen Bronchitis bekannt.

Meerrettich

Armoracia rusticana oder Cochlearia armoracia

Volkstümliche Namen: Beißwurzel, Gren, Kren, Marak, Scharfwurzel
Familie: Cruciferae – Kreuzblütler
Vorkommen: Die Heimat des Meerrettichs ist Südosteuropa. Heute wird er in einigen Gegenden Deutschlands angepflanzt, ist aber gelegentlich auch verwildert anzutreffen.
Beschreibung: Diese Pflanze ist hauptsächlich Wurzel. Tief greift die langlebige Hauptwurzel ins Erdreich, schickt weitgreifende Ausläufer umher und bildet außerdem Wurzelsprosse. Wo diese Wurzeln einmal Fuß gefaßt haben, sind sie schwer wieder auszurotten. Derbe, meterlange, saftiggrüne Blätter schickt sie nach oben. Sie sind langstielig, wellenförmig eingekerbt und spiralig gedreht. Der Blütensproß trägt lockere Trauben weißer Blüten von süßem Wohlgeruch. Die kleinen Schötchen sind dick, fast rund.
Drogen: Wurzel – Radix Armoraciae
Inhaltsstoffe: In der ganzen Pflanze, besonders aber in der Wurzel, finden wir das Glykosid Sinigrin, das nach dem Zerkleinern der Wurzel und unter Einfluß von Wasser und dem vorhandenen Enzym Myrosin aufgespalten wird, wobei Senföl entsteht. Die Blattasche zeigt einen hohen Kali- und Schwefelgehalt und außerdem Kieselsäure. In der Wurzelasche gesellt sich zu diesen Stoffen noch etwas Eisen.
Anwendung: Vor allem der äußere Einfluß des Meerrettichs, der auf der Haut eine ableitende Heilentzündung hervorruft, wird sehr geschätzt. Durch Bäder, Salben und Umschläge (Krenpflaster) mit geriebenem Meerrettich beeinflußt man

günstig neuralgische Schmerzen, Ischias, Krämpfe, Brustfellentzündungen, Gelenk- und Muskelrheumatismus.

Melisse

Melissa officinalis

Volkstümliche Namen: Bienenkraut, Frauenkraut, Frauenwohl, Gartenmelisse, Herztrost, Honigblatt, Immenblatt, Mutterkraut, Zitronenmelisse
Familie: Labiatae – Lippenblütler

Vorkommen: Die Biene (Melissa) und unsere Heilpflanze haben bei den Griechen den gleichen Namen, weil die Bienen den Nektar der Melisse bevorzugen. Im Orient, von wo die Pflanze herkommt, hat man sie vielfach auf weiten Flächen als Bienennahrung angebaut. Die Araber brachten sie nach Spanien und die Benediktiner nach Deutschland, wo sie in Kloster- und Apothekergärten kultiviert wurde. Heute wird die Melisse fast überall angebaut.

Beschreibung: Die ausdauernde Wurzel mit vielen kurzen Ausläufern treibt verzweigte, vierkantige, ein wenig behaarte Stengel, an denen sich breite Blätter paarweise übereinandertürmen, bis in den oberen Blattachseln wenige, aber nektarreiche weiße Blüten heraustreten.

Drogen: Blätter — Folia Melissae, Kraut — Herba Melissae

Inhaltsstoffe: 0,25—0,1% ätherisches Öl (enthält Zytral und Cytronellal, das ihm den zitronenähnlichen Geruch verleiht)

Anwendung: Melisse hat auf den Verdauungstrakt so universelle Wirkung, daß sie als Melissen- oder Karmelitergeist sehr beliebt ist. Sie wirkt nämlich anregend, krampflösend, beruhigend und blähungswidrig auf dieses Gebiet des Organismus und lindert auch Brechreiz und Übelkeit. Jedoch auch Herzklopfen, Herzneurosen, Schlaflosigkeit, Hysterie, Menstruationsstörungen und sexuelle Reizzustände beeinflußt sie günstig. Melissentee bereitet man, indem man 2—4 g der Blätter oder des ganzen Krautes mit 1 Tasse kochenden Wassers überbrüht (niemals kochen lassen).

Mistel
Viscum album

Volkstümliche Namen: Donarbesen, Drudenfuß, Glückszweig, Hexenbesen, Weiße Mistel

Familie: Loranthaceae — Mistelgewächse

Vorkommen: Im nördlichen Europa ist die Mistel als Baumschmarotzer bekannt und wächst vor allem auf den Ästen von Laubbäumen.

Beschreibung: Die Mistel ist ein eigentümliches Gewächs. Im Winter schmückt sie mit ihren gelbgrünen Büscheln die kahlen Laubbäume, während ihre Wurzeln tief unter die Rinde ihrer Gastgeber dringen, um

den Lebenssaft einzusaugen. Die grünen, gegliederten Stengel gabeln sich oft und tragen am Ende zwei gegenüberstehende, zungenförmige, ledrige Blätter. Im Februar treiben aus der letzten Gabelung die Blüten. Im Winter darauf prangt die Mistel mit ihren weißen, glänzenden Beeren und darf in England bei keiner Weihnachtsfeier fehlen. Die fleischige Frucht enthält einen Samen, der oft mehrere Keimlinge hat, deren Würzelchen bereits aus dem Samen schauen. Das hängt mit der ungewöhnlichen Fortpflanzungsweise zusammen. Die Misteldrossel verschluckt nämlich die Beeren und sät mit ihrem Mist die Kerne auf den Ästen der Bäume aus.

Drogen: Kraut — Herba Visci oder Stipites Visci cum foliis

Inhaltsstoffe: Cholin, ein Alkaloid (Viszin), ein harzartiger Bitterstoff, ein Glykosid (Viscalbin), reichlich Xanthophyll, ein klebriges Weichharz (Viscin), Glukose, Inosit, Stärke, fettes Öl, ein saures und ein neutrales Saponin.

Anwendung: Die hervorragende Bedeutung der Mistel sieht man heute in ihrer Beeinflussung des Blutdruckes über das vegetative Nervensystem und den Hormonstoffwechsel. Herztätigkeit und Kreislauf werden verbessert. Darauf ist wohl auch ihre Anwendung bei Blutungen aller Art wie Lungenbluten, Blutbrechen und bei zu starker Periode zurückzuführen. Man gibt 3—6 g des Krautes, das man mit 1 Tasse kochenden Wassers überbrüht.

Möhre (wilde)
Daucus carota

Volkstümliche Namen: Karotte, Mohrrübe, Gelbe Rübe
Familie: Umbelliferae — Doldenblütler
Vorkommen: Die Urheimat der Möhre ist das Mittelmeergebiet. Heute kommt sie wild in ganz Europa und Asien auf trockenen oder mageren Wiesen, auf Schuttplätzen und Brachland vor.

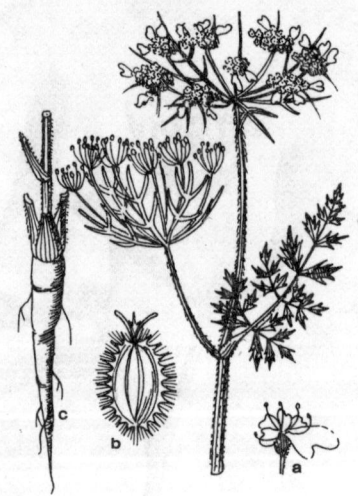

a) Blüte
b) Frucht
c) Wurzel

Beschreibung: Die Karotte sucht sich am liebsten Licht, Kieselsäure, humusreichen Boden, Wärme und Wasser aus. Dieses harmonische Gewächs ist eines unserer wertvollsten Gemüse. Im ersten Jahr treibt die orangenfarbene, kräftige Wurzel zwei- bis vierfach gefiederte Blätter empor. Das zweite Lebensjahr wird vom Blütenprozeß beansprucht. Noch schmälere Blätter begleiten den Stengel bis hinauf zu den üppigen Dolden, die sie von unten umhüllen, selbst die kleinen Döldchen, die ganz oben die Blüten tragen. Die kleine Mitteldolde besteht oft aus einer einzigen größeren, purpurnen Blüte, um die sich nach dem Verblühen der Doldenschirm wie ein Nest schließt.

Drogen: Samen — Semen Dauci, die frische Wurzel — Radix Dauci, der eingedickte Saft der Wurzel — Rob Succus Dauci

Inhaltsstoffe: Die Wurzel enthält 6—12 % Zucker, Pektin, Inosit, ätherisches Öl, Lecithin, Glutamin, Phosphatide, die Vitamine B und C und Carotin, das sonst nur in den Blättern, Blüten und Früchten der Pflanzen vorhanden ist und nach den neuesten Forschungen für die Aufnahme der Lichtenergie durch die Pflanze nötig ist. Aus Carotin wird im menschlichen Organismus das Vitamin A, welches sich vor allem im Sehpurpur konzentriert. Die Asche enthält Kieselsäure, Eisen und Spuren von Arsen, Kobalt, Kupfer und Nickel.

Anwendung: Ä u ß e r l i c h werden geriebene Mohrrüben bei Verbrennungen und zur Heilung von Geschwüren aufgelegt. Dieses alte Hausmittel ist jetzt in seiner Wirkung von der modernen Medizin bestätigt worden. Insbesondere das in Öl gelöste Karotin ist ein ausgezeichnetes Mittel bei schwersten ausgedehnten Verbrennungen, die sonst zum Tode führten, sowie bei Erfrierungen, bei denen die Glieder bereits blauschwarz aussehen.
I n n e r l i c h ist die Wurzel ein ausgezeichnetes Mittel gegen Darmparasiten. Da heute durch die unvernünftigerweise angewandte Düngung mit frischen Fäkalien ein hoher Prozentsatz der Bevölkerung unter Wurmbefall leidet, ist es angebracht, mit geraspeltem Möhrensalat, gedünsteten Möhren, die nur wenig von ihrem Wert verlieren, und Möhrensaft in der normalen Ernährung nicht zu sparen. Bei Brechdurchfall der Kinder gibt man diesen tagelang nur eine Möhrensuppe. Die Wurzel der wilden Möhre soll harntreibend wirken. Der eingedickte Saft wird bei Husten und Katarrhen der Luftwege genommen. Bei Magen- und Darmkrankheiten mischt man frischen Möhrensaft mit Leinsamentee oder einer Gemüsebrühe. (Diese darf nur aus Wurzelgemüsen, Kartoffeln und Wasser bestehen. Gewürze wie Salz, Pfeffer und Zwiebeln dürfen nicht verwandt werden.)

Natternknöterich
Polygonum bistorta

Volkstümliche Namen: Blutkraut, Drachenwurz, Natternwurz, Pferdeknoblauch, Schlangenkraut, Wiesenknoblauch
Familie: Polygonaceae — Knöterichgewächse
Vorkommen: In Europa kommt der Natternknöterich an Straßengräben und auf feuchten Bergwiesen vor,

wo er oft alle anderen Kräuter überwuchert und wie ausgesät erscheint.

Beschreibung: Das Auffallendste an dieser Pflanze ist die schlangenförmig gewundene, geringelte, fingerdicke und bei älteren Pflanzen daumendicke, außen braune Wurzel, welcher der Natternknöterich den Namen verdankt. Aus diesem Wurzelstock, der sehr viele Nebenwurzeln hat, kommt ein unverästelter, knotiger Stengel mit sauerampferähnlichen Blättern, gekrönt von einer schönen, rosafarbenen, engstehenden Blütenähre.

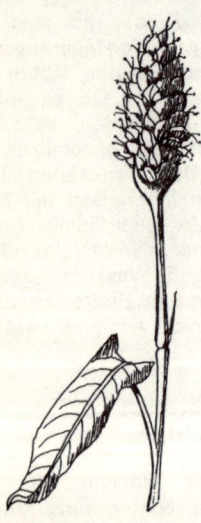

Drogen: Wurzelstock — Rhizoma Bistortae

Inhaltsstoffe: Gerbstoffe und Stärkemehl

Anwendung: In der Volksheilkunde wurde Natternknöterich früher bei verschiedenartigen inneren Blutungen verwandt und in manchen Gegenden bei Schlangenbiß. Die moderne Heilkunde hat bisher keinen sichtbaren medizinischen Wert erkennen können und gebraucht die Pflanze deshalb nicht zu Heilzwecken. In alten Kräuterbüchern ist sie dagegen öfter erwähnt.

Nelkenwurz
Geum urbanum

Volkstümliche Namen: Benediktenkraut, Hasenauge, Heil aller Welt, Manneskraft, Nägeleinkraut, Weinwurz

Familie: Rosaceae — Rosengewächse

Vorkommen: In der nördlichen gemäßigten Zone gedeiht dieses Halbschattengewächs, das sich auch an Mauern, Zäunen und auf feuchten Schutt- und Steinhaufen ansiedelt.

Beschreibung: Der fingerdicke, rosige Wurzelstock erinnert mit seinem aromatischen Duft an den der Gewürznelke. Er treibt zu einer Rosette angeordnete rundliche, gefiederte Blätter, die am Stengel nach oben zu immer einfacher, zuerst noch dreigliedrig, in der Nähe der goldgelben, frühsommerlichen Blüten nur dreizähnig sind.

Drogen: Wurzel — Radix Caryophillatae

Inhaltsstoffe: Bitterstoff, Gerbstoff, Eugenol (worauf der Gewürznelkenduft beruht), ätherisches Öl, Harz, Stärke, Gummi und Flavon

Anwendung: Ä u ß e r l i c h wird Nelkenwurztee (1—3 g der Wurzel wer-

den mit 1 Tasse kochenden Wassers überbrüht oder leicht gekocht) als Gurgelmittel bei Entzündungen in der Mundhöhle und im Hals verwendet, denn es wirkt blutstillend, schmerzlindernd und keimtötend.

I n n e r l i c h wirkt Nelkenwurz ebenfalls hemmend auf die Entwicklung von Krankheitserregern. Diese Eigenschaft und der Gerbstoff sind sicher für die gute Hilfe bei Durchfällen und Koliken wesentlich. Hinzu kommt der nervenstärkende Einfluß, der sich im Magen- und Darmgebiet auswirkt. Bei Stauungen und Sekretionsstörungen in Leber und Galle hat sich Nelkenwurz bewährt. Schon früher wurde der Tee als stärkendes Mittel bei Erschöpfungszuständen und nach schweren Krankheiten gegeben.

Ochsenzunge
Anchusa officinalis

Volkstümliche Namen: Maizungen, Ochsenschlecker
Familie: Boraginaceae — Rauhhaargewächse
Vorkommen: Die Ochsenzunge wächst überall in Europa auf Brachland, Schutt, an Wegrändern und Bahndämmen.
Beschreibung: Schon im Mai grüßt uns vom Wegrand her diese in herrlich sattem Blau blühende Pflanze mit den rauh behaarten Stengeln und Blättern, aber auch noch im September erfreut sie unser Auge. Die wie beim verwandten Lungenkraut spiralig sich entrollenden Blütenstände zeigen am Anfang

zwar ein helles Purpurrot, auch darin dem Lungenkraut ähnlich, aber sobald die Blüten befruchtet sind, wandeln sie ihre Farbe in tiefes Blau. Um den Nektar vor ungebetenen Gästen und Regen gut zu schützen, weist die zusammengewachsene, fünflappige Radblüte fünf Schlundauswüchse auf, die sich schneeweiß über den Blüteneingang wölben.

Drogen: Kraut — Herba Buglossi
Inhaltsstoffe: Viel Schleim, Gummi, Gerbstoff
Anwendung: Früher wurde der Tee des Ochsenzungenkrautes (1—4 g werden mit 1 Tasse kochenden Wassers überbrüht) äußerlich für kühlende, erweichende und lindernde Umschläge gebraucht.

Innerlich galt er als auswurfförderndes und eröffnendes Mittel. Heute wird die Heilpflanze wenig verwendet.

Odermennig
Agrimonia eupatoria

Volkstümliche Namen: Ackermännchen, Ackermünze, Adermennig, Bruchkraut, Fünfblatt, Griechisches Leberkraut, Hagamundiskraut, Königskraut, Leberklette, Steinwurz
Familie: Rosaceae — Rosengewächs
Vorkommen: Odermennig reckt überall in Mittel- und Nordeuropa an Zäunen, Hecken, Wegrändern und Böschungen die königskerzenartigen, goldenen Blütenähren empor.
Beschreibung: Aus einem kurzen Wurzelstock strebt die Pflanze senkrecht bis zu 80 cm Höhe hinauf. Die graugrünen, gefiederten Blätter verbreiten beim Reiben zwischen den Fingern einen leichten Wohlgeruch. Übermäßig lang entwickelt sich eine vielblütige, ährige Blütentraube, deren goldene Blüten klein und von stachligen Außenkelchen umgeben sind.
Drogen: Kraut — Herba Agrimoniae
Inhaltsstoffe: Gerbstoff, Bitterstoff, etwas ätherisches Öl. In der Asche ist ziemlich viel Kieselsäure, außerdem Nikotinsäureamid, das Vitamin, bei dessen Fehlen Pellagra hervorgerufen wird.
Anwendung: Sein äußerliches Anwendungsgebiet findet Odermennig auch heute bei der Behandlung von Wunden und Geschwüren. Innerlich ist die Heilpflanze schon

im klassischen Altertum gegen Leber- und Gallenleiden verwendet worden. Bei Durchfällen und Verdauungsstörungen ist sie ebenfalls geschätzt. Aber auch Hautleiden werden günstig beeinflußt, und auf die Niere und Harnsäureausscheidung wirkt sie anregend.

Osterluzei
Aristolochia clematitis

Volkstümliche Namen: Gebärmutterwurzel, Lange Hohlwurzel, Luzeiwurzel

Familie: Aristolochiaceae — Osterluzeigewächse

Vorkommen: Die Osterluzei ist schon bei den alten Griechen und Römern sehr als Heilpflanze geschätzt worden. In den warmen Ländern um das Mittelmeer ist sie beheimatet. Von dort kam sie schon früh mit dem Weinbau zu uns und hat sich an unser Klima angepaßt. Heute wächst sie in Deutschland an Hekken und Zäunen wild.

Beschreibung: Die meterhohe, rankende Staude hat herzförmige, gestielte Blätter und eine eigenartige gelbe Blüte. Hinter einer langen Perigonröhre mit abwärts gerichteten Haaren liegen in einer Verdikkung Stempel und sechs Staubgefäße, die so miteinander verwachsen sind, daß der Blütenstaub nicht auf die Narbe gelangen kann. Kleine Fliegen übernehmen hier die Vermittlung. Mit dem Blütenstaub anderer Pflanzen derselben Art fliegen sie die Röhre hinab und sind die Gefangenen der Blüte, denn die

abwärts gerichteten Haare lassen sie nicht wieder heraus. Unruhig fliegen die Insekten hin und her, bis sie ihren Blütenstaub auf der sechslappigen Narbe abgestreift haben. Dann erst sterben die Haare ab und die Gefangenen werden entlassen.

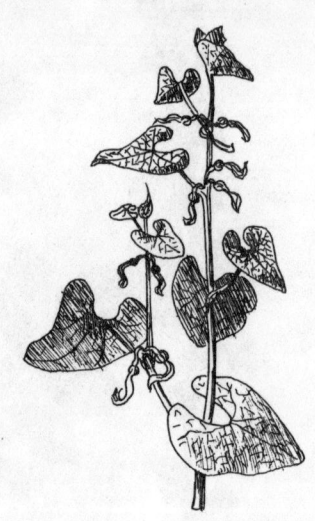

Drogen: Kraut — Herba Aristolochiae Wurzel — Radix Aristolochiae longae

Inhaltsstoffe: Der wirksamste Bestandteil ist die Aristolochiasäure.

Anwendung: Schon immer hatte die Osterluzei und ihre verschiedenen Verwandten in der ganzen Welt als Arzneipflanze hohes Ansehen. Die Schlangenzauberer in Indien und Nordafrika glaubten, daß ein Tropfen Saft aus der Osterluzei jede Schlange töte und die Menschen, die sich mit dem Saft einreiben, gefeit gegen Schlangenbiß mache. Als blutreinigendes Mittel hatte die

Osterluzei in der Volksheilkunde ihren Platz. Sie wurde bei Wunden, Eiterungen und blutigen Ausflüssen nach der Geburt verwendet, was auch ihr Name besagt (aristos = sehr gut; locheia = Geburt), der so viel im Volksmund gebraucht wurde, daß sich daraus schließlich der Name Osterluzei entwickelt hat.

Die moderne Wissenschaft hat jetzt herausgefunden, wie die Wirkung dieser Heilpflanze zustandekommt. Die Aristolochiasäure verstärkt die Tätigkeit der Leukozyten bei der Infektabwehr, indem sie einmal bewirkt, daß deren Zahl sich merklich erhöht und zum anderen deren Kraft, Keime zu töten, steigert. Außerdem wird gleichzeitig die natürliche, bakterienhemmende Wirkung des Blutserums aktiviert. Dieser biologische Vorgang unterstützt also den Organismus, ohne ihn zu belasten.

2 Eßlöffel des Krautes oder der Wurzel werden mit $^1/_2$ l Wasser angesetzt und kurz gekocht. Mit dieser Abkochung kann man feuchte Umschläge auf schlecht heilende Wunden und Geschwüre machen. Da man die Aristolochiasäure heute rein isolieren kann, gibt man sie heute auch innerlich, womit man die Heilung von Wunden unterstützt, die von außen schwer zu erreichen sind.

Paprika
Capsicum annuum

Volkstümliche Namen: Gewürzschoten, Rosenpaprika, Roter Pfeffer, Rote Schoten, Spanischer Pfeffer

Familie: Solanaceae — Nachtschattengewächse

Vorkommen: Die Heimat des Paprika finden wir im tropischen Amerika. Wegen der Beliebtheit als Gewürz wird Paprika heute überall dort angebaut, wo das Klima für diese Pflanze günstig ist. In den Balkanländern, Spanien, Südfrankreich und Nordafrika können wir ihn antreffen.

Beschreibung: Paprika ist eine einjährige (annuum) Pflanze mit ästigem, bis zu 60 cm hohem Stengel, dessen glänzende, dunkelgrüne Blätter in den Achseln viele Blüten aufweisen, aus denen die kräftig roten, gelben, violetten bis schwarzen Früchte reifen.

Drogen: Paprikaschoten und das aus den reifen Schoten gemahlene Pulver — Fructus Capsici annui oder Piper Hispanium.

Paprika

Inhaltsstoffe: Kapsakutin, Kapsaizin, Kapsikol, Spuren ätherischen Öls, fettes Öl und ein Farbstoff (Kapsikumrot)

Anwendung: Paprika wird in medizinischen Präparaten wegen seiner stoffwechselanregenden, blasenziehenden und hautreizenden Wirkung vielfach verwendet. Die unreife, grüne Frucht ist wegen ihres hohen Gehaltes an Vitamin C und Carotin als Gemüse besonders geschätzt. Als Gewürz mäßig gebraucht, wirkt es anregend auf die Speichelbildung und erhöht gleichzeitig den Fermentgehalt des Speichels, so daß diese Doppelwirkung die Verdauung besonders fördert.

Petersilie
Petroselinum hortense

Volkstümliche Namen: Felseneppich, Felswurzel, Garteneppich, Steinsilge
Familie: Umbelliferae — Doldengewächse
Vorkommen: Die in den Ländern am südöstlichen Mittelmeer und in Nordwestafrika heimische Pflanze ist heute überall als Gewürzpflanze in den Gärten verbreitet.
Beschreibung: Die wie viele Umbelliferen zweijährige Pflanze bildet im ersten Jahr nur die möhrenähnliche, aber weißliche Wurzel und eine Blattrosette. Im zweiten Jahr erst treibt der kantige, aufrechte Stengel und nimmt gefiederte Blätter mit, die sich nach oben hin vereinfachen. Die Dolden tragen kleine, grünlichgelbe Blüten.

Drogen: Kraut — Herba Petroselini, Samen — Semen Petroselini, Früchte — Fructus Petroselini, Wurzel — Radix Petroselini
Inhaltsstoffe: In allen Teilen der Pflanze, besonders aber in den Früchten, finden wir ätherisches Öl, welches das giftige Apiol enthält.

Außerdem sind in unterschiedlichen Mengen in den Pflanzenteilen Mineralstoffe (besonders Mangan und im Samen etwas Eisen) und das Glykosid Apiin enthalten.
Anwendung: Die Früchte der Petersilie sollen Vögeln tödlich sein, aber auch bei Menschen können Schädigungen im Leberzellgewebe auftreten. Deshalb sollte man Früchte und Samen nur auf Befragen eines Arztes verwenden. Das ätherische Öl soll das am häufigsten

gebrauchte Abortivum sein und als Aphrodisiakum gelten. Es ist ein kräftiges Diuretikum, wirkt günstig bei Blasen- und Nierensteinen und Rheuma und wird auch bei Harnverhaltung bei Prostataleiden angewandt. Die Wurzel wird als Gewürz gern gebraucht. Als Verdauungsanregung beeinflußt sie Gastritis günstig, aber auch Schilddrüsenüberfunktion.

Pfefferminze

Mentha piperita
(Abbildung auf Seite 140)

Volkstümliche Namen: Aderminze, Edelminze, Englische Minze, Gartenminze, Minze, Teeminze
Familie: Labiatae — Lippenblütler
Vorkommen: In der gemäßigten Zone wächst überall die Pfefferminze, die aus England stammt und Licht und Feuchtigkeit liebt. In vielen Ländern wird sie angebaut.
Beschreibung: Die kniehohe Pflanze trägt zahlreiche gegenständige, eiförmige, vorn zugespitzte Blätter, aus deren Blattachseln Scheinähren violetter, kleiner Blüten treten.
Drogen: Blätter — Folia Menthae piperitae
Inhaltsstoffe: Der wesentlichste Bestandteil ist das ätherische Öl, das bis zu 2 % enthalten ist und etwa zu 5—90 % aus Menthol und zu 8—20 % aus Menthon besteht. Außerdem sind Gerbstoff, Bitterstoff, Oxydase und Katalase vorhanden.
Anwendung: Wohl in jedem Haushalt ist neben Kamille auch die Pfefferminze zu finden, doch wie wenige Menschen wissen mit dieser wichtigen Heilpflanze richtig umzugehen? Vielfach wird sie als Haustee getrunken, wobei man nicht vergessen sollte, daß die Pfefferminze eine Heilpflanze ist, deren ständiger Gebrauch sich in den angegebenen Zubereitungsmengen schädigend auswirken kann. Man sollte daher Pfefferminztee für den täglichen Gebrauch nur in starker Verdünnung trinken und mit anderen Kräutertees abwechseln.
Äußerlich verwendet man das aus der Pfefferminze gewonnene Pfefferminzöl zu Einreibungen bei örtlich auftretenden Schmerzen, Neuralgien und Kopfschmerzen.
Innerlich wirkt diese Pflanze anregend auf den Stoffwechsel mit gleichzeitiger Krampflösung und Durchwärmung des Verdauungstraktes. Sie löst Uterusspasmen, verstärkt Menses und Potenz und wird als nervenstärkend empfohlen. Bei Gallenkoliken löst der Tee die krampfartigen Zustände.

Preiselbeere

Vaccinium vitis idaea

Volkstümliche Namen: Moosbeere, Haubeere, Prausbeere, Waldprausbeere
Familie: Ericaceae — Heidekrautgewächse
Vorkommen: In den nördlichen Teilen Europas, Asiens und Amerikas wächst die Preiselbeere auf Sand- und Torfboden, auf trocken-steinigem Grund in Wäldern, Hochmooren und auf der Heide.

Pfefferminze   Mentha piperita

Beschreibung: Der Heidelbeere ähnlich, treibt diese Pflanze am niederliegenden Stengel viele Zweige, an denen ledrige, rundliche Blättchen sitzen, die am Rand eingebogen sind und auf der Rückseite Punkte aufweisen. Die weißen oder rosa Blüten bilden eine dichte, kurze Traube, die am Zweigende anmutig überhängt. Jede Blüte ist ein kleines Glöckchen, dessen viele Zipfel nach außen gerollt sind.

Drogen: Blätter — Folia Vitis idaeae

Inhaltsstoffe: Arbutin, Ericolin, Gerbstoff

Anwendung: Der Tee aus den Blättern wurde früher viel an Stelle der Bärentraubenblätter gegen Steinleiden und bei Blasenkatarrh gebraucht, jedoch ist der Gehalt an Arbutin bei Preiselbeerblättern viel geringer (2—4 g der Blätter werden mit 1 Tasse kochenden Wassers leicht gekocht). Preiselbeeren üben eine tonisierende Wirkung auf Magen und Darm aus und sind in der Gallendiät eine wertvolle Hilfe.

Primel
Primula officinalis

Volkstümliche Namen: Auritzel, Eieräuglein, Frauenschlüssel, Gichtblume, Himmelschlüsselchen, Petriblume, Schlüsselblume

Familie: Primulaceae — Primelgewächse

Vorkommen: In Mitteleuropa gedeiht diese Frühlingsblume zerstreut auf Wiesen, Hängen und in lichten Waldungen.

Beschreibung: Der kurze, braune Wurzelstock treibt eine Blattrosette runzeliger, auf der Unterseite samtig behaarter Blätter, aus der wenige Stengel blattlos aufsteigen, um in einer Dolde zu enden, deren goldgelbe, am Grund ein wenig rötliche Blüten sich anmutig nach einer Seite neigen.

Drogen: Blüten — Flores Primulae, Blätter — Folia Primulae, Wurzeln — Radix Primulae

Inhaltsstoffe: 2 Glykoside: Primverin und Primulaverin, die durch das ebenfalls anwesende Ferment Primverase gespalten sind.

Anwendung: Äußerlich benutzt man den Absud aus der Wurzel (1 g mit 1 Tasse Wasser leicht kochen) als Bäder bei Rheuma, Quetschungen und Wunden. Der Tee (2—4 g von allen drei Drogen überbrüht

Preiselbeere   Vaccinium vitis idaea

man mit 1 Tasse kochenden Wassers) ist sehr schleimlösend und
auswurffördernd, weshalb er bei Erkältungskrankheiten und Bronchialkatarrh hilft.

Quendel
Thymus serpyllum

Volkstümliche Namen: Feldthymian,
Kinderkraut, Frauenkraut
Familie: Labiatae — Lippenblütler
Vorkommen: Quendel wächst vor
allem auf sonnigen, taufeuchten
Bergwiesen und -hängen südlich
und nördlich der Alpen und im übri-
gen Mitteleuropa.
Beschreibung: Das duftende Kraut
schmückt mit seinen niederliegen-
den Ästen, kleinen gegenüberste-
henden Blättern und den reich blühenden Köpfchen rötlicher Blüten
vom Mai bis in den September die
Berghänge.
Drogen: Blühendes Kraut — Herba
Thymi serpylli cum Floribus oder
Herba Serpylli
Inhaltsstoffe: Ätherisches Öl, etwas
Thymol, Karvakol
Anwendung: In der Volksheilkunde
galt Quendel als »Frauenkraut«.
Man gab Quendeltee Gebärenden
und nannte ihn auch menstruations-
fördernd. Quendel wird heute bei
Verdauungsstörungen gegeben. Seine krampflösende Wirkung bestätigt sich bei Magenkrämpfen, Asth-
ma, Epilepsie und Koliken (2—4 g
des Krautes werden mit 1 Tasse
kochenden Wassers überbrüht).
Die ä u ß e r l i c h e Anwendung als
Zusatz zu Bädern für skrophulöse

und schwächliche Kinder ist allgemein bekannt.

Rainfarn
Tanacetum vulgare

Volkstümliche Namen: Dreifußkraut,
Knöpfchenkraut, Muttergotteskraut,
Stinkfarn, Weinfarn, Wurmfarn
Familie: Compositae — Korbblütler
Vorkommen: Rainfarn wächst in
Europa im Einflußbereich des feucht-
warmen Klimas der größeren Fluß-
täler an Wegrändern, Rainen, im
Ufergebüsch, an Gräben und Bö-
schungen. Von Europa ist er nach
Amerika verschleppt worden.
Beschreibung: Diese Pflanze bevor-
zugt sandig-lehmige Böden. Wie sie
aus ihrem schwarzbraunen Wurzel-
stock den kräftigen Stengel mit den
breiten, gefiederten Blättern treibt,

sieht sie den Farnen ähnlich, wenn sich nicht in Meterhöhe der Stengel nach allen Seiten verstrahlen würde und am Ende diese goldenen Knöpfchen säßen. Dadurch, daß die kleinen Blütenkörbe nur aus Röhrenblüten bestehen, sehen sie tatsächlich knopfartig aus. Der starke, strenge Geruch von Blättern und Blüten gab der Pflanze im Volksmund unter anderen auch den Namen Stinkfarn.

Drogen: Blätter — Folia Tanaceti, Blüten — Flores Tanaceti, Blätter und Blüten — Herba Tanaceti, Samen — Semen Tanaceti

Inhaltsstoffe: Ätherisches Öl, das bis zu 70 % Tujon enthält. Bitterstoffe, geringe Mengen Gerbstoff, verschiedene Säuren

Anwendung: Rainfarn ist ein bekanntes Wurmmittel, dessen spezielle Wirkung sich auf Spul- und Madenwürmer erstreckt. In kleineren Gaben genommen, hilft es bei leichteren Störungen im Verdauungstrakt. Diese Heilpflanze sollte nur nach Rücksprache mit einem Arzt verwendet werden, weil das ätherische Öl Vergiftungserscheinungen auslöst, die sogar tödlichen Ausgang haben können. Bei Auftreten von Spul- und Madenwürmern wende man deshalb besser die Möhre an.

Ringelblume
Calendula officinalis

Volkstümliche Namen: Fallblume, Gartenbutterblume, Goldblume, Ringelrose, Sonnenwendeblume, Stu-

dentenblume, Totenblume, Wucher-
blume

Familie: Compositae – Korbblütler

Vorkommen: Im Mittelmeergebiet ist
diese sonnenhafte Heilpflanze zu
Hause. Schon im Mittelalter wurde
sie in unseren Breiten überall in
den Bauerngärten heimisch. Heute
kommt sie außer in Gärten auch
gelegentlich wild vor und wird in
manchen Gegenden als Heilpflanze
angebaut.

Beschreibung: Aus den Samen mit
der erdnußartigen Schale keimt sehr
schnell das üppig wuchernde Kraut
mit verästeltem Stengel und etwas
fleischigen, weichhaarigen Blättern
bis hinauf in den verzweigten Blütenstand mit den goldgelben bis
orangefarbenen Korbblüten, deren
Zungenblüten allein Frucht tragen,
während die Scheibenblüten unfruchtbar sind. Rasch verblühend,
machen sie neuen, gelben Sonnen
Platz. Pflückt man die schönen Blu-
men, bleibt an den Händen ein
merkwürdiger Verwesungsgeruch,
der von einem Harz herrührt.

Drogen: Blüten – Flores Calendulae, Kraut – Herba Calendulae

Inhaltsstoffe: Ätherisches Öl, karo-
tinverwandte Farbstoffe, Bitterstoffe, stickstoffhaltiger Schleim, Harz,
Gummi, Calendulin

Anwendung: Äußerlich benutzt
man Alkoholauszüge der Calendula
mit Wasser verdünnt bei gequetsch-
ten, älteren, entzündeten, eitrigen
und zerrissen klaffenden Wunden,
wo die Arnika nur Schaden anrichtet.
Früher wurde solch ein Auszug sogar bei Karzinomen der Brustdrü-
sen und des Uterus angewandt.

Heute wird eine nach Kneipp zubereitete Salbe bei Rißwunden, Geschwüren, Brandwunden und Sonnenbrand gebraucht.

I n n e r l i c h wirkt Calendula als Tee (2–4 g werden mit einer Tasse kochenden Wassers überbrüht) günstig bei Magengeschwüren, Venenentzündung, entzündlichen Schwellungen drüsiger Organe sowie bei Leber- und Milzschwellungen.

In der Kosmetik ist Calendula als Zusatz zu Cremes bekannt.

Rittersporn
Delphinum consolida

Volkstümliche Namen: Adlerblume, Hafergiftblüten, Ottilienblume
Familie: Ranunculaceae — Hahnenfußgewächse
Vorkommen: Fast überall ist Rittersporn in Europa verbreitet, doch in manchen Gegenden sehr selten anzutreffen. Er wächst in Getreidefeldern oder deren Nähe.
Beschreibung: Der Rittersporn gehört zu einer Unterabteilung der Hahnenfußgewächse, den Helleboreen, die sich von anderen Unterabteilungen dieser vielfältigen Familie durch nach innen aufspringende Balgenfrüchte unterscheiden. Diese schöne Feldblume hat einen von anderen Ranunculaceen abweichenden Blütenbau, denn das oberste der fünf ungleichen, blauen Kelchblätter ist zu einem Sporn verlängert, wodurch die Knospe Ähnlichkeit mit einem Delphin erhält.
Drogen: Blüten — Flores Calcatrippae

Inhaltsstoffe: Bitterstoff, Gerbstoff, Farbstoff
Anwendung: Im Mittelalter hielten die Ärzte diese Pflanze für ein hervorragendes Wundheilmittel, das Wunden schnell schließen und heilen soll. Ein Aufguß (2–4 g werden mit einer Tasse kochenden Wassers überbrüht) diente früher als harn- und wurmtreibendes Mittel. Auch als

augenheilendes Mittel wurde der Rittersporn geschätzt, doch hat die moderne Medizin bisher keine besonderen Heilwirkungen herausgefunden, weshalb diese Pflanze heute wenig in der Heilkunde verwendet wird.

Die Blüten werden heute nur noch zum Färben der Tees den Teemischungen beigegeben. Die Samen sollen bei Krampfhusten von guter Wirkung sein.

Rosmarin
Rosmarinus officinalis

Volkstümliche Namen: Brautkraut, Kid, Mariareinigung, Meertau, Rosemarie, Weihrauchkraut

Familie: Labiatae — Lippenblütler

Vorkommen: Die Küsten um das Mittelmeer sind die Heimat des Rosmarin. Bei uns gedeiht er im Sommer in Gärten.

Beschreibung: Dieses sperrige, buschige Gewächs mit den immergrünen, zu Nadeln zusammengezogenen Blättern wird mannshoch. Im Frühling überzieht es sich für kurze Zeit mit den hellvioletten Blütchen an den Kurztrieben.

Drogen: Blätter — Folia Rosmarini, Öl — Oleum Rosmarini

Inhaltsstoffe: Ätherisches Öl, das kampferartige Stoffe enthält, Gerbstoff, Bitterstoff und Harz

Anwendung: Im Mittelalter wurde diese Heilpflanze über die Alpen gebracht und bald als Topf- und Gartenpflanze sehr beliebt. Allerlei Volksbräuche knüpften sich an die würzig duftende Pflanze, von der man für Taufe, Hochzeit und Trauerfeier Zweige brach. Pfarrer Kneipp hat den Strauch auf diese Weise in Schwaben kennengelernt, und er gehörte zu seinen Lieblingen unter den Heilpflanzen, wahrscheinlich wegen seines umfassenden Anwendungsgebietes.

Rosmarin ist ein Anregungsmittel für den Kreislauf und die Nerven. Es wirkt nicht unmittelbar auf das Herz ein, sondern über das Zentralnervensystem. Ä u ß e r l i c h wirken 10-minütige Bäder von 37° und einer anschließenden halbstündigen Bettruhe tonisierend bei Kreislauf- und Nervenstörungen, Erschöpfungszuständen nach intellektueller Überbeanspruchung und niedrigem Blutdruck. Diese wohltuenden Bäder dürfen aber nur morgens oder vormittags genommen werden, weil ihre anregende Wirkung dem Schlaf wenig förderlich sein könnte.

I n n e r l i c h werden Tropfen verabreicht, die Blutgefäßen und Nerven einen besseren Spannungszustand geben, zu hohen Blutdruck sinken lassen, aber auch zu niedrigen Blutdruck steigern, Müdigkeit überwinden helfen und die Leistungsfähigkeit günstig beeinflussen, den Kreislauf beleben, den Stoffwechsel anregen, Durchblutungsstörungen beheben und Diabetes bekämpfen. Alte Menschen sollen zur Belebung Rosmarin bekommen.

Roßkastanie
Aesculus hippocastanum

Volkstümliche Namen: Pferdekastanie, Saukastanie
Familie: Hippocastanaceae — Roßkastaniengewächse
Vorkommen: Die Heimat der Roßkastanie ist das nördliche Griechenland, von wo sie über Konstantinopel am Ende des 16. Jahrhunderts durch die Türken nach Wien kam. Heute spendet sie in ganz Europa als Alleebaum und in Parkanlagen Schatten.

Beschreibung: Der stattliche, hohe Baum mit der ausladenden Krone schmückt schon im Mai mit Tausenden von Blütenkerzen unsere Städte und Dörfer. Unzählige Bienen umsummen die Baumkrone und holen sich aus jeder Blüte ein winziges Tröpfchen Nektar. Die Bienen wissen auch sofort, wo ein Besuch zwecklos ist, denn die schneeweißen Blüten zeigen nach der Befruchtung ein rotes Duftmal, das den Bienen als Zeichen dient. Die glänzend braunen Kastanien, die die Kinder so gern im Herbst sammeln, sind die Samen aus den stachligen Früchten.

Drogen: Blüten — Flores Hippocastani, Rinde — Cortex Hippocastani, Samen — Semen Hippocastani

Inhaltsstoffe: Die Analyse ergab bei den Blüten: Zucker, Schleim, Gerbstoff, Quercitrin. Die Rinde enthält Aesculin, Aesculetin, Gerbsäure, Fraxin, Allantoin, Aesculetol, ein Chromogen. In den Samen fand man Bitterstoff, Stärke, fettes Öl, Eiweiß, Gummi, Gerbstoff, Massan, Lipase, Saccharose, Partosane, Fettsäuren und viel Saponin (Aescin).

Anwendung: In der Mitte des 19. Jahrhunderts war die Roßkastanie ein geschätztes Heilmittel. Die Abkochung der Rinde (1—2 g werden mit 1 Tasse Wasser 5 Minuten gekocht) nahm man zur Verdauungsförderung, bei chronischen Diarrhöen, Ruhr, Schleimflüssen und Blutungen. Auch die Abkochung der Samen verwandte man in gleicher Weise, aber auch gegen Verschleimungen der Luftwege.

Vor nicht langer Zeit fand die moderne Wissenschaft die besondere Wirkungsweise verschiedener Stoffe aus den Samen auf das Venensystem. Die nach dem lateinischen Namen der Roßkastanie benannten

Aesculus-Präparate, die in verschiedener Form im Handel sind, werden als wirkungsvolle Heil- und Unterstützungsmittel äußerlich und innerlich bei Krampfadern, Venenentzündungen und Hämorrhoiden gegeben. Auch in Badezusätzen finden sie Verwendung. Die Wirkungsweise ist wahrscheinlich eine tonisierende. Ein saures Saponin, Aescin, sorgt für das Abschwellen der mit Flüssigkeit gefüllten Gewebe. Daher findet es jetzt auch bei Quetschungen, Prellungen und Knochenbrüchen nach Unfällen, aber auch bei Schwellungen im Gehirn nach Schlaganfällen heilende Anwendung.

Salomonssiegel
Polygonatum officinale

Volkstümliche Namen: Weißwurz
Familie: Liliaceae – Liliengewächse
Vorkommen: In Europa an lichten, trockenen Stellen der Laub- und Nadelwälder und am Waldrand
Beschreibung: Mit den Spuren der Triebe früherer Jahre versehen, kriecht waagerecht der dicke, weiße Wurzelstock. Aus ihm sprießt in anmutigem Bogen der Trieb, der zahlreiche eiförmige, zugespitzte Blätter in rhythmischer Folge entwickelt, aus deren Achseln meist paarweise, aber auch einzeln an langen Stielen grünlichweiße Glöckchen hängen. Schlehengroße blaue Früchte zieren die Pflanze.
Drogen: Wurzel – Radix Sigilli Salomonis

Inhaltsstoffe: Schleim, Asparagin, Convallaria-Glykoside

Anwendung: Die Wirkung des Salomonssiegel erstreckt sich auf Regenerationsprozesse bei Quetschungen, Blutergüssen und Entzündungen der Haut, auf Diabetes und die Diurese.

Sanddorn
Hippophaë rhamnoides

Volkstümliche Namen: Seedorn
Familie: Elaeagnaceae – Ölweidengewächse
Vorkommen: An den sandigen Küsten der Nord- und Ostsee, auf den Steinansammlungen der Alpenflüsse, aber auch in Gärten und Parkanlagen finden wir Sanddorn.

Beschreibung: Dieser dornige Strauch hat silbrige, lanzettliche Blätter und gebliche Blüten. Die korallenroten Scheinbeeren leuchten weithin.

Drogen: Früchte — Fructus Hippophaeae

Inhaltsstoffe: An Kalzium gebundene Apfelsäure, ein gelber Farbstoff (Querzetin), fettes Öl, Mannit, Wein- und Buttersäure und sehr viel Vitamin C

Anwendung: Sanddorn ist bei allen Erkrankungen angebracht, die mit

einem Mangel an Vitamin C verbunden sind, wie Skorbut, Zahnfleisch- und Kapillarblutungen, katarrhalische Erkrankungen und Appetitlosigkeit bei Kindern.

Sanikel
Sanicula europaea

Volkstümliche Namen: Heil aller Schäden, Heilsanikel, Kranikelkraut, Lorenzkraut, Nickelkraut, Waldklette, Waldsanikel, Wundsanikel

Familie: Umbelliferae — Doldenblütler

Vorkommen: Sanikel wächst am liebsten im Halbschatten der Laubwälder in humus- und kalkreichem Erdreich und ist in Europa, Asien und Nordafrika verbreitet.

Beschreibung: Der fast waagerecht im Boden liegende ausdauernde Wurzelstock hat viele Ausläufer und treibt grundständige, fünflappige Blätter mit langen Stielen. Jedes Jahr sprießt ein Blütenschaft, der nur wenige Blätter hat, die immer kleiner und einfacher werden. Die kleinen Dolden bilden strahlige Kugeln mit weißen oder rötlichen Blüten an langen Doldenstielen, die schon im Mai und Juni blühen. Auch die Früchte weisen noch das Strahlige mit ihren umgebogenen, weichen Stacheln auf.

Drogen: Kraut — Herba Saniculae, Wurzel — Radix Saniculae

Inhaltsstoffe: Sehr kalk- und kieselsäurehaltig, außerdem Saponine, Gerbstoff, ätherisches Öl, Harz und Bitterstoff

Anwendung: Äußerlich wird ein Tee von Sanikelkraut (1 g wird mit 1 Tasse kochenden Wassers überbrüht) oder Sanikelwurzel (1 g wird mit 1 Tasse Wasser angesetzt und kurz gekocht) für Umschläge bei Quetschungen, Verstauchungen, eitrigen Wunden und

Geschwüren benutzt. Sanikel ist für seine wundheilende Wirkung schon immer bekannt und hoch geschätzt, da diese Pflanze Blut stillt, eitrige Wunden säubert und die Heilung anregt.

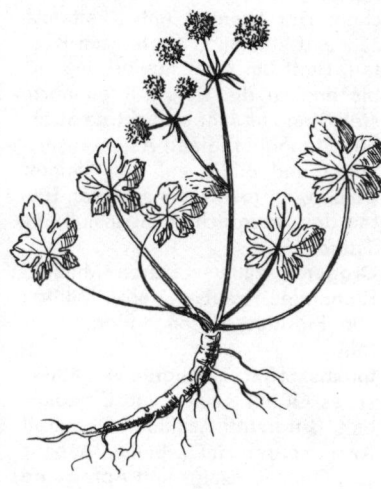

Innerlich werden mit dem Tee Blutungen aus Magen, Darm, Lunge und Blase gestillt. Auch Entzündungen des Verdauungstraktes werden günstig beeinflußt.

Sauerampfer
Rumex acetosa

Volkstümliche Namen: Sauerampfl, Sauergras
Familie: Polygonaceae – Knöterichgewächse
Vorkommen: In Mitteleuropa wächst Sauerampfer überall auf feuchten Wiesen und Äckern, an Wegrändern und Böschungen

Beschreibung: Die pfeilförmigen, blanken Blätter wachsen aus einer dünnen, senkrechten Wurzel. Ein mit immer kleiner werdenden Blättern spärlich umstandener Stengel treibt die rötlich schimmernde Blütenrispe, durch die der Sauerampfer, tritt er in Mengen auf, den Wiesen einen rötlichen Schimmer verleiht. Die Pflanze gehört zu den Windblütlern.

Drogen: Kraut – Herba Rumex acetosae, Samen – Semen Rumex acetosae

Inhaltsstoffe: Oxalsäure, geringe Mengen Bitterstoff und Gerbstoff

Anwendung: Die Blätter des Sauerampfers werden in der Volksheilkunde hauptsächlich für blutreinigende Frühlingskuren verwendet.

Sie werden als Salat oder in manchen Gegenden auch als Suppe zubereitet gegessen. Die Samen sind ein beliebtes Volksheilmittel gegen Würmer bei Kindern (1—2 g der Samen werden mit einer Tasse kochenden Wassers überbrüht).

Schafgarbe
Achillea millifolium

Volkstümliche Namen: Achilles, Edelgarben, Garbenkraut, Gotteshand, Grillenkraut, Judenkraut, Kalikkraut, Kelken, Schafzungen
Familie: Compositae — Korbblütler

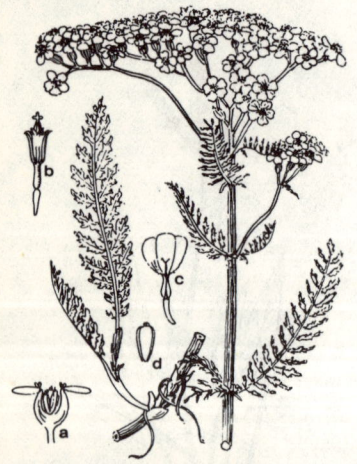

a) Blütenköpfchen im Durchschnitt
b) Scheibenblüte
c) Strahlblüte
d) Frucht

Vorkommen: Diese Pflanze ist auf der nördlichen Halbkugel weit ver-breitet und wächst auf Wiesen und Weiden, an Rainen, Weg-, Feld- und Waldrändern.

Beschreibung: Im ersten Frühling wachsen um die vorjährige, verdorrte Pflanze, die noch starr und braun dasteht, zarte hellgrüne Fiederblättchen. Der Stengel entwickelt sich zäh und stämmig, Knoten um Knoten, Blatt um Blatt hervorbringend, bis endlich die Sonne ihren höchsten Stand im Jahr erreicht, da strebt der Stengel in feinen Ästen auseinander und bildet mit den kleinen, weißen, oft rosa schimmernden Blüten den waagrechten Abschluß, die Trugdolde.

Drogen: Kraut — Herba Millifolii, Blühendes Kraut — Herba Millifolii cum Floribus, Blüten — Flores Millifolii

Inhaltsstoffe: blaugrünes ätherisches Öl mit Azulen und Cineolgehalt, Bitterstoff Achillein, Gerbstoff, Akonitsäure, Harz, Inulin, Asparagin, Gummi, Essig- und Apfelsäure, Kieselsäure, außerordentlich viel Kalium, Schwefel

Anwendung: Die Schafgarbe wirkt stoffwechselanregend, magenkräftigend, appetitfördernd, anregend auf die Lebertätigkeit und blutbildend. Sie fördert die Wundheilung und wirkt krampflösend und schmerzstillend bei Koliken. Bei Unregelmäßigkeiten der Menses und während der Wechseljahre wird diese viel verwendete Heilpflanze gebraucht (2—4 g werden mit 1 Tasse kochenden Wassers überbrüht, niemals gekocht).

Schierling
Conium maculatum

Volkstümliche Namen: Dollkraut, Mäuseschierling
Familie: Umbelliferae — Doldenblütler
Vorkommen: In der gemäßigten Zone wächst Schierling überall an Fluß-, Bach- und Teichufern.

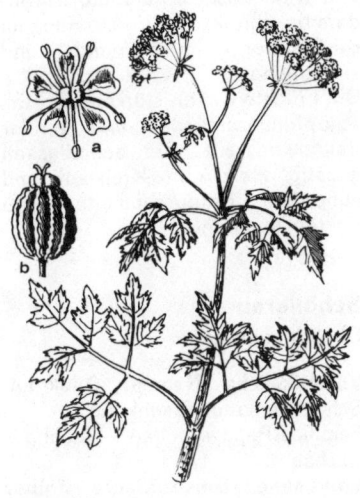

a) Blüte
b) Frucht

Beschreibung: Unter den 2200 Schierlingsarten kommen nur wenige tropische und überhaupt kein Baum vor. Unser gefleckter Schierling wird bis zu 2 m hoch. Im ersten Wachstumsjahr baut die Pflanze die weißliche, milchsafthaltige, spindelförmige Wurzel und die unteren Blätter auf. Im nächsten Jahr schießt der hohle, purpurne Stengel empor, die äußerlich rötliche Färbung als Flecken bis oben mitnehmend. Die Blätter sind drei- und vierfach gefiedert und zeigen an den Rändern einen weißlichen Saum. In heißen Sommertagen hängt das ganze Blattwerk schlaff und welk, weil die reichgegliederten, zarten Blätter das Wasser schnell in die Luft verdunsten, aber nicht so rasch vom Grund neues Wasser aufsteigen kann. Die Dolden enden in leicht süßlich duftenden, weißen Döldchen. Eine animalische Duftwolke umgibt das ganze Gewächs.

Drogen: Kraut — Herba Conii
Inhaltsstoffe: Das Alkaloid Coniin ist in der Wurzel zu $0,05\,\%$, im Stengel zu $0,06\,\%$, in den Blättern zu $0,2\,\%$ und in den Blüten zu $0,24\,\%$ enthalten. Schon $0,15-0,2$ g wirken tödlich.

Anwendung: Schon im Altertum kannte man Schierling nicht nur als Gift, sondern auch als Heilpflanze. Auch im Mittelalter schätzte man die Heilkräfte dieses Gewächses. Viele der Erfahrungen sind leider verlorengegangen.

Heute wird Schierling ä u ß e r l i c h als schmerzlinderndes, entzündungshemmendes, erweichendes und zerteilendes Mittel verschrieben, und auf Drüsen als Salbe aufgetragen, hemmt er deren Tätigkeit. So kommt Milchfluß zum Erliegen, und die Vergrößerung der Brüste wird verhindert.

I n n e r l i c h e Gaben steigern die Ausscheidung, entwässern und beruhigen. Bei Vergiftungen mit Schierling bleiben Bewußtsein und Herztätigkeit bis zum Ende erhalten, Erregungszustände und Verwirrung treten kaum auf. Schierling ist auch krampflösend und daher bei Keuchhusten, Asthma, Krämpfen im Verdauungstrakt, in der Blase und bei Epilepsie wirksam. Die Anwendung darf nur durch den Arzt erfolgen.

Schlehe

Prunus spinosa
(Abbildung auf Seite 155)

Volkstümliche Namen: Dornschlehe, Heckendorn, Kitschkepflaumen, Schwarzdorn, Schlehdorn, Stechdorn

Familie: Rosaceae — Rosengewächse

Vorkommen: In ganz Europa bis hinauf zum 60. Breitengrad finden wir diesen Strauch an steinigen Wegrändern, Hängen und Rainen.

Beschreibung: Schwarz steht der Strauch im Winter da, ein dichtes Gestrüpp wirrer Zweige, jedoch plötzlich entfaltet sich dann eine Blütenpracht, die den ganzen Strauch weiß überzieht. Rasch verweht der zarte Blütenschnee, und was so früh begann, das sammelt die Kräfte eines vollen Sommers und auch noch des Herbstes in kleinen, herbsäuerlichen, zusammenziehenden, blauen Früchten bis zum ersten Frost.

Drogen: Blüten — Flores Acaciarum (Diese lateinische Bezeichnung stammt von den alten deutschen Botanikern, die glaubten, in der Schlehe eine Ähnlichkeit mit dem ägyptischen Gummibaum [Gummi acathinum] gefunden zu haben und

sie deshalb Acacia germanica oder nostras nannten.)
Früchte — Fructus Acaciarum

Inhaltsstoffe: Man nimmt Amygdalin als Bestandteil an. Quercitin ist enthalten.

Anwendung: Die Blüten werden als Tee (1—3 g werden mit 1 Tasse kochenden Wassers überbrüht) zur Blutreinigung, zur Anregung des Stoffwechsels verwendet. Dieser Tee wirkt leicht abführend, besonders bei chronischer Verstopfung im Kindesalter, harntreibend und krampflösend.

Die Früchte wirken stärkend bei Erschöpfungszuständen und in der Rekonvaleszenz. Sie beeinflussen günstig Herz und Kreislauf und außerdem Hautunreinheiten wie Pusteln und Akne.

Schöllkraut

Chelidonium majus

Volkstümliche Namen: Gilbkraut, Schwalbenkraut, Eisenkraut

Familie: Papaveraceae — Mohngewächse

Vorkommen: Diese Pflanze ist über die ganze Erde verbreitet und wächst auf Schutthaufen, an Zäunen und Mauern, an Wegen und unter Hecken.

Beschreibung: Schon im Januar treibt der kräftige, ausdauernde Wurzelstock oft junge Blättchen, und nicht lange, so ist die Grundrosette mit den weichen, rundlich-gelappten Blättern gebildet. Ein Stengel, mehrfach verzweigt, steigt hinauf in den Blütenprozeß. Aus den Blattachsen

Schlehe
Prunus spinosa

gehen Blütensprosse hervor. Ein Aufgehen der goldgelben Blüten und schon ein Dahinsinken, Entblättern, so gehört es sich für ein echtes Mohngewächs. Der Geschmack der Pflanze ist bitter, scharf und brennend. Streng in die Senkrechte gehen die langen Schoten nach oben.

Drogen: Die ganze Pflanze — Herba Cheledonii, Blüten — Flores Cheledonii, Wurzeln — Radix Cheledonii
Inhaltsstoffe: Chelidonin, Homochelidonin, Chelerythrin, Protopin, Sanguinarin, Berberin, Allocryptopin, Spartein, ätherisches Öl, gelbes Harz, reichlich Kalzium und Ammonium-Magnesiumphosphat
Anwendung: Schöllkraut war früher als Heilpflanze hoch geschätzt. Es drohte fast in Vergessenheit zu ge-

raten, doch hat die moderne Medizin es wieder in den Heilmittelschatz eingereiht. Die Wurzel wirkt besonders auf Leber und Galle, während die Blüte die Schilddrüse günstig beeinflußt. Der frische Saft längere Zeit auf Warzen aufgetragen, bringt diese zum Verschwinden.

Seidelbast
Daphne mezereum

Volkstümliche Namen: Kellerhals
Familie: Thymelaeceae — Seidelbastgewächse
Vorkommen: Seidelbast wächst in Eurasien bis zum Polarkreis hinauf.

Beschreibung: Ein paar kahle, vorjährige Zweige stehen verloren starr und steif zwischen den Bäumen. Wer sieht sie überhaupt in der noch winterlichen Flur? Doch schon im März brechen aus den Zweigen unzählige purpurrote Blüten hervor und verbreiten einen betäubenden Duft. Die Blätter kommen erst später und stehen in Büscheln am Ende eines jeden Zweiges. In den Sagen der Germanen und Slawen bezwingen Bänder aus dem Bast des Strauches sogar den Teufel.

Drogen: Rinde — Cortex Mezerei

Inhaltsstoffe: Ein scharfes, blasenziehendes Harz, Mezerinsäure und ein kristallinischer Bitterstoff Daphnin.

Anwendung: Ä u ß e r l i c h gebraucht man Seidelbast als Reizmittel und als Zusatz in Salben.
I n n e r l i c h sollte es wegen seiner Schärfe überhaupt nicht genommen werden. Die Anwendung ist dem Arzt zu überlassen.

Sellerie

Apium graveolens

Volkstümliche Namen: Sumpfsilge, Eppich, Epf

Familie: Umbelliferae — Doldenblütler

Vorkommen: Als Wildpflanze wächst Sellerie auf salzhaltigen Böden in Europa, Westasien, Afrika und Südamerika. Seit dem Mittelalter wird Sellerie bei uns überall in Gärten und auf Feldern kultiviert.

Beschreibung: Aus grundständigen Blättern, langstielig und breitblättrig gefiedert im Wuchs, baut die zweijährige Umbellifere im ersten Jahr eine knollige Wurzel mit zahlreichen Leitwurzeln auf. Erst im

zweiten Jahr wächst ein kantiger, aufrechter meterhoher Stengel, der sich oben vielfach verzweigt und kleine Dolden bildet.

Drogen: Kraut — Herba Apii, Wurzel — Radix Apii, Samen — Semen Apii graveolentis, Öl — Oleum Apii

Inhaltsstoffe: Ätherisches Öl, hoher Kochsalzgehalt, Kieselsäure, Eisen, Mangan und Spuren von Kupfer sind in allen Pflanzenteilen enthalten. In den Blättern gibt es außerdem das Glykosid Apiin, Mannit und Inosit. Die Analyse der Wurzeln erbringt noch Asparagin, Glutamin und Tyrosin.

Anwendung: Sellerie ist ein gutes Diuretikum und wirkt in dieser Weise günstig auf Nieren- und Blasenleiden, Gicht und Rheuma, aber auch auf chronischen Lungenkatarrh und Husten im allgemeinen.

Sonnentau
Drosera rotundifolia

Volkstümliche Namen: Bauernlöffelkraut, Gideonkraut, Immertau, Sintau, Sondau
Familie: Droseraceae — Sonnentaugewächse
Vorkommen: In Nord- und Mitteleuropa wächst Sonnentau auf Torfmooren, sumpfigen Wiesen und an den Rändern von Moorseen und Teichen tief in Torfmoos gebettet.

Beschreibung: In Deutschland kommen drei insektenfressende Droseraarten vor, außer der Drosera rotundifolia noch Drosera intermedia (mittlerer S.) und Drosera longifolia (langblättriger S.). Aus einer Rosette langgestielter Blätter steigt ein Blütenschaft mit kleinen, weißen Sternblüten auf, die sich nur mittags öffnen. Was uns an dieser Pflanze besonders interessiert, sind die Blätter. An den langen Stielen sind verdickte Blattenden, die mit rötlichen Drüsenhaaren bespickt sind wie ein Nadelkissen. An den Spitzen verdicken sich die Haare und sondern einen klebrigen, klaren Saft ab. Wie Brillanten funkeln die Tropfen an den Haarenden in der Sonne, aber dieser Saft ist gefährlich. Setzt sich ein neugieriges Insekt auf das Blatt, so bleibt es an den Haaren kleben. Die Haare haben nur auf diesen Impuls gewartet, sie biegen sich nach unten, umschließen den kleinen Gefangenen und verdauen ihn mit dem Ferment und einer Säure. Beide sind im Drüsensaft enthalten. Nach diesem Vorgang öffnen sich die Blätter wieder, und man sieht nur die unverdaubaren Reste wie Beine und Flügel des Insekts. Der Sonnentau ist auf solche Nahrungsaufnahme angewiesen, weil die Wurzeln nicht genügend ausgebildet sind. Hier liegt ein Tatbestand vor, der manchem unheimlich erscheinen mag, und doch ist diese »Unnatur« ganz normal. Die mangelhafte Wurzelausbildung gibt dem Sonnentau etwas Tierhaftes. Fast scheint er nicht mehr an den Boden gebunden. Dieses Tierhafte findet seinen Ausdruck in den fleischverdauenden Blättern, obwohl da noch der Verdauungsprozeß nach außen verlegt ist, also das Tiergemäße eigentlich außerhalb der Pflanze liegt, nicht in ihr. Ein wenig findet dieser Vorgang bei jeder Pflanze statt. Nehmen nicht die Blüten die nektarsuchenden Insekten auf, umschließen sie, halten sie einen Augenblick gefangen, um sie dann wieder herauszugeben? Es ist ein Geben und Nehmen. Die Blüten geben ihren Nektar, die Insekten bringen Blütenstaub für die Befruchtung. Die Tiere fressen die Pflanzen und geben ihre Ausscheidungen als Dünger für die Pflanzen. Die Pflanzen atmen ein, woran die Tiere ersticken müßten und atmen aus, was die Tiere zum Einatmen brauchen. Diese Beziehungen zwischen Pflanzen- und Tierreich ließen sich noch beträchtlich ausweiten, doch ginge dieses über den Rahmen unseres Buches hinaus.

Drogen: Kraut — Herba Droserae rotundifoliae, Herba Rorellae, Herba Roris Solis

Inhaltsstoffe: Der Sonnentau enthält ein dem Pepsin ähnliches Ferment, das Eiweiß verdaut, außerdem organische Säuren, wie Zitronen-, Ameisen-, Essig- und Apfelsäure, und etwas ätherisches Öl.

Anwendung: Im 13. Jahrhundert bereiteten die Alchemisten aus dem Sonnentau ein Heilmittel, mit dem sie erfolgreich gegen die Schwindsucht vorgingen. Auch im 18. Jahrhundert findet man in Kräuterbüchern Angaben in dieser Richtung. Heute wird Sonnentau bei Keuchhusten, Asthma, morgendlichem Erbrechen bei Schwangeren und als Magenstärkung gebraucht (1 g überbrüht man mit 2 Tassen kochenden Wassers. Größere Mengen wirken schädlich). Der Saft des Sonnentaus bringt die Milch zum Gerinnen.

Spitzwegerich
Plantago lanceolata

Volkstümliche Namen: Aderkraut, Ballenblätter, Fünfaderkraut, Heilwegerich, Schafzunge, Spitzerweger, Wegebreit, Wegetritt, Wundwegerich

Familie: Plantaginaceae — Wegerichgewächse

Vorkommen: Überall wächst wie der Breitwegerich auch diese Art der Wegerichgewächse an Wegen, Zäunen, Waldrändern und auf Wiesen.

Beschreibung: Aus dem kurzen Wurzelstock wächst eine am Boden bleibende Rosette, die sich vom Breitwegerich durch längere und schmälere Blätter mit nie mehr als 3—5 Adern unterscheidet. Auch der blattlose Blütenschaft ist nicht glatt, sondern gefurcht, und die unscheinbaren Blüten tragen vier weit heraushängende Staubfäden, deren Staubbeutel gelb sind und nicht wie beim Breitwegerich violett. Zwischen diesen beiden gibt es noch eine mittlere Art (Plantago media) mit elliptischen Blättern und rosenroten Staubbeuteln. Im Gebirge zeigt sich uns noch eine andere Art mit grasartig schmalen Blättern.

Drogen: Blätter — Folia Plantaginis

Inhaltsstoffe: Ein bitteres Glykosid (Aucubin), Schleim, Kieselsäure, Xantophylle, Fermente, Vitamin C, Gerbstoff, Mineralsalze

Anwendung: Spitzwegerich ist eine der bekanntesten Heilpflanzen. Äußerlich werden wie beim Breitwegerich die zerquetschten Blätter auf frisch blutende und abgeschürfte Wunden aufgelegt. Auch schlecht

heilende, alte Wunden, Grind und Ekzeme werden so behandelt.

I n n e r l i c h ist Spitzwegerich ein bewährtes Hustenmittel. Bei Katarrhen der oberen Luftwege, Keuchhusten, Lungenspitzenkatarrh, selbst bei Asthma und leichten Tuberkulosefällen ist diese Heilpflanze hilfreich. Durch den Kieselsäuregehalt wirkt Spitzwegerich harntreibend und wird deshalb bei Blasen- und Steinleiden der Niere und Blase angewandt. Bekannt ist auch die krampflösende, magenstärkende und blutreinigende Wirkungsweise.

Steinsame
Lithospermum officinale

Volkstümliche Namen: Ackerhirse, Steinhirse
Familie: Boraginaceae — Boretschgewächse
Vorkommen: In Europa findet man diese Pflanze an sandig-steinigen Plätzen, wie sie meist in Flußtälern und manchmal auf Äckern zu finden sind.
Beschreibung: Lanzettliche Blätter stehen am verzweigten Stengel. Aus den Blattachseln wachsen unscheinbare, weiße Blütchen, die im Frühsommer blühen. Im Spätsommer erfreuen uns viele perlenglänzende Früchte, die zu viert aus einer Blüte hervorgehen.
Drogen: Samen — Semen Lithospermi
Inhaltsstoffe: Steinsame ist die kieselsäurereichste Droge. Sie enthält außerdem Gerbstoffe, fettes Öl und Kalk.

Anwendung: Die gerbstoffreichen Blätter dieser Pflanze sind früher für Tees verwendet worden. Die sehr kalk- und kieselsäurereichen Samen sind harntreibend und wirken bei Nierenleiden günstig. 1—4 g der Droge werden mit 1 Tasse Wasser sehr ausgiebig gekocht. Nach dem Ziehen seiht man ab. Aus Amerika wird von einer ähnlichen Art, Lithospermum ruderale, berichtet,

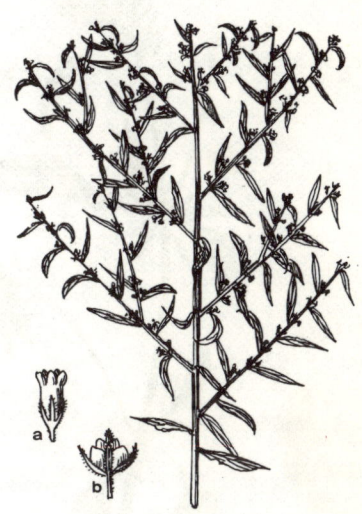

die von Indianerstämmen schon immer als Mittel zur Empfängnisverhütung genommen wird. Auch unser einheimischer Steinsame scheint diese Wirkung zu haben, die auf pflanzlichen Hormonen beruht. Eine Anwendung ist aus diesen Erkenntnissen aber noch nicht erwachsen.

Stiefmütterchen

(violett und gelb)
Viola tricolor

Volkstümliche Namen: Ackerveilchen, Brachveilchen, Dreifaltigkeitskraut, Feldstiefmütterchen, Frauenschühlein, Freisaukraut, Wildes Stiefmütterchen
Familie: Violaceae — Veilchengewächse
Vorkommen: Überall in Europa finden wir auf Wiesen, Brachland, am schattigen Waldrand, auf dürrer Erde am Wegrand diese dreifarbige Blume.
Beschreibung: Dieses genügsame, Sturm und Sonnenschein trotzende Pflänzchen tritt in vielfältiger Form auf. Mal ist es behaart, mal glatt, hier sind die Blätter gestielt und rundlich, dort länglich, herzförmig, ja stumpf, oft schwach gekerbt. Schon an einer Pflanze sehen wir leierförmige, gefiederte Blätter und herzförmig breite. Auch der Stengel ist teils liegend, teils aufrecht, und die Blüten wechseln zwischen gelb, blau, violett und weiß und tragen meist drei dieser Farben in verschiedenen Zusammenstellungen.
Drogen: Blühendes Kraut — Herba Violae tricoloris
Inhaltsstoffe: Reichlich Saponine, Schleim, Gerbstoff, Salicylsäuremethylester, Flavonglykosid Violaquercitrin, in der Asche vor allem Kalk und Magnesiumsalze.
Anwendung: Äußerlich hilft ein Absud des Stiefmütterchenkrautes (1 Eßlöffel voll des Krautes wird mit 1 Tasse Wasser kurz aufgekocht und 10 Minuten stehen gelassen, ehe man abseiht) gegen Milchschorf bei Kindern, ekzemartige und skrofulöse Ausschläge.
Innerlich wirkt der Tee (1 Eßlöffel voll des Krautes wird mit 1 Tasse kochenden Wassers überbrüht oder über Nacht kalt angesetzt) schweiß- und harntreibend, schleimlösend und mild abführend. Er ist daher ein gutes Blutreinigungsmittel und wirkt bei Harnsäureüberschuß, Rheuma, Gicht, Magen- und Darmkatarrh, schleimigen Durchfällen und Blasenkatarrh. Auch Erkältungskrankheiten gehören zu seinem Anwendungsgebiet.

Taubnessel

Lamium album

Volkstümliche Namen: Bienensaug, Blumennessel, Milde Nessel, Wurmnessel, Zahme Nessel, Zauberkraut
Familie: Labiatae — Lippenblütler
Vorkommen: Im kühleren Teil Europas ist die Taubnessel überall sehr verbreitet. Sie wächst an Wegrändern, auf Wiesen, an Zäunen und Waldrändern, unter Hecken und auf Schuttplätzen.
Beschreibung: Mit ihrem kräftigen Blattaufbau hat die Taubnessel wirklich etwas Nesselhaftes. Die großen, weißen Blüten sitzen als Scheinquirle rund um die Blattachsen. Die Oberlippe der Blüten ist helmartig gewölbt, die Unterlippe dreilappig. Auf dem schneeigen Weiß finden wir gelbe Tupfen. Blütezeit ist von April bis Oktober und noch länger.
Drogen: Die abgezupften Blüten

ohne Kelch — Flores Lamii albi oder Flores Lamii, die ganze Pflanze — Herba cum Radix Lamii

Inhaltsstoffe: Viel Schleim, Gerbstoff, ätherisches Öl, ein Alkaloid (Konein), von der Wurzel bis zu den Blüten abnehmend Saponin.

Anwendung: Ä u ß e r l i c h legt man ein mit dem Tee (1 Teelöffel voll wird mit 1 Tasse kochenden Wassers überbrüht) getränktes Leinentuch auf Geschwüre, Krampfadern und Drüsenschwellungen, außerdem benutzt man den Tee für Andampfungen bei Ohrenleiden. Der Taubnesseltee wirkt schleimlösend, einhüllend, entzündungshindernd und entfaltet seine ganze Wirkung auf den weiblichen Genitaltrakt. Auch Nierenleiden, Magen- und Darmkatarrh und Entzündungen der Luftwege beeinflußt er günstig.

Tausendgüldenkraut
Erythraea centaurium
auch Centaurium umbellatum

Volkstümliche Namen: Aurian, Chironenkraut, Erdgalle, Fieberkraut, Güldenkraut, Himmelsblümchen, Magenkraut, Muttergotteskraut, Roter Aurin, Sanctorikraut

Familie: Gentianaceae — Enziangewächse

Vorkommen: Das Tausendgüldenkraut ist in Mitteleuropa an Waldrändern, auf Wiesen und Triften verbreitet. Es zieht etwas feuchten, lehmigen, sandigen und kalkigen Boden vor.

Beschreibung: Dieses von dem heilkundigen Kentauren Chiron den

Menschen als Heilpflanze empfohlene ein- bis zweijährige Gewächs entwickelt aus der Wurzel eine Rosette eirunder Blätter, aus der ein Stengel mit gegenständigen, zwar auch eirunden, aber kleineren und vorn zugespitzten Blättern emporsteigt. An der mehrfach gegabelten Trugdolde öffnen sich erst im Spätsommer rosafarbene Blüten, die sich jedoch bei regenverkündender Luft auch am hellen Tag schließen. Das ganze Kraut schmeckt scharf bitter.

Drogen: Kraut — Herba Centaurii

Inhaltsstoffe: Der wichtigste Bestandteil ist ein Bitterstoffglykosid, das Erythrocentaurin, ferner Harz, ätherisches Öl, Stearin, Palmitinsäure, Magnesiumlactat, Schleim, Zucker, Erytharin (ein bitteres, kristallinisches, farbloses Glykosid), Cerylalkohol, Phytosterin, Gummi, Wachs, Mineralsalze

Anwendung: Ä u ß e r l i c h wirken Umschläge und Waschungen mit dem Absud (1—3 g des Krautes werden mit 1 Tasse Wasser kurz aufgekocht) günstig auf Hautleiden. I n n e r l i c h wird der Tee (1—3 g des Krautes werden mit 1 Tasse kochenden Wassers überbrüht) bei Stoffwechselleiden gegeben. Leber- und Gallenleiden, Schwäche des Verdauungstraktes, Appetitlosigkeit, Magenkatarrh und Sodbrennen sind die Anwendungsgebiete. Aber auch bei Rheuma, Gicht, Blutarmut und Diabetes ist Tausendgüldenkrauttee hilfreich.

Teufelsabbiß

Succisa pratensis

Volkstümliche Namen: Abbißkraut, Ackerskabiose, Braune Teufelswurzel, Gute Teufelswurzel

Familie: Dipsacaceae — Kardengewächse

Vorkommen: Auf feuchten Wiesen und Waldlichtungen ist Teufelsabbiß in ganz Mitteleuropa, besonders jedoch in Deutschland, verbreitet.

Beschreibung: Der kurze, etwa 1 cm dicke, braune und dicht mit Nebenwurzeln bedeckte Wurzelstock schickt eine Rosette elliptischer, meist ganzrandiger Blätter ans Licht, aus der einfache oder verzweigte Blütenschäfte sprießen, die meist nur an den Verzweigungen gegenständige kleinere und zugespitzte Blätter tragen. Die Blütenköpfe bestehen aus ziemlich gleichartigen, selbst in der äußersten Reihe kaum strahlenden blauvioletten, blauen und selten auch weißen Blüten.

Drogen: Wurzel — Radix Morsus Diaboli, Kraut — Herba Succisae

Inhaltsstoffe: Die wichtigsten Bestandteile sind Gerbstoff und bitterer Extraktivstoff, ferner geringe Mengen Stärke, Saponin und ein Glykosid.

Anwendung: Äußerlich wird ein Absud (1—3 g werden mit 1 Tasse Wasser kurz gekocht) aus der Wurzel zum Reinigen und Heilen von Wunden, ähnlich der Arnika, genommen.

Innerlich wirkt der Tee aus der zerkleinerten Wurzel (1—3 g werden mit 1 Tasse kochenden Wassers

Tormentill
Potentilla erecta

überbrüht) günstig bei Durchfall und Spul- und Madenwürmern, der Tee aus dem Kraut hilft dagegen bei Leber- und Gallenleiden.

Tormentill

Potentilla erecta
(Potentilla tormentilla)
(Abbildung auf Seite 167)

Volkstümliche Namen: Blutwurz, Rotwurz, Ruhrwurz, Siebenblatt, Siebenfinger
Familie: Rosaceae — Rosengewächse
Vorkommen: In Europa und Asien wächst Tormentill fast überall in feuchten Wäldern und an Wiesenrändern.
Beschreibung: Der kräftige, fingerdicke, rote Wurzelstock ist das Hauptorgan dieser Pflanze. Was über der Erde aus dem feuchten Wiesengrund lugt, sind die kleinen, vierblättrigen, gelben Blütchen, unter denen man dann erst die drei- bis fünffingrigen Blättchen entdeckt, die den Tormentillen noch zwei auffallend große, gezackte Nebenblätter aufweisen.
Drogen: Wurzelstock — Rhizoma Tormentillae
Inhaltsstoffe: 17—20 % Gerbsäure, ein Farbstoff (Tormentillrot), Chinovasäure, Ellagsäure, Spuren ätherischen Öls, Harz, Gummi, Stärke und Kalziumoxalat
Anwendung: Äußerlich wird ein Absud der Pflanze (2—3 g der Droge werden mit 1 Tasse Wasser kurz gekocht) gegen Schleimhautentzündungen der Mundhöhle, Zahnfleisch-

entzündungen, Hals- und Rachenkatarrh als Gurgelwasser gebraucht und bei Hautwunden, nässenden oder trockenen Ekzemen und Flechten als Auflage benutzt.
Das innere Anwendungsgebiet ist vor allem der Verdauungstrakt. Blutungen, hartnäckige Durchfälle, Entzündungen und Katarrhe werden günstig beeinflußt.

Veilchen

Viola odorata

Volkstümliche Namen: Märzveilchen, Märzwohlgeruchblume, Veicherln
Familie: Violaceae — Veilchengewächse
Vorkommen: In Europa wächst das Veilchen fast überall an Zäunen, Hecken und Waldrändern.
Beschreibung: Die Griechen weihten diese schöne Frühlingsblume der Göttin Persephone, die als Sinnbild der unsterblichen Seele die Pflanzenwelt immer wieder aufleben läßt. Der vielfach verzweigte und mit alten Stengeln und Blättern ein Nest bildende Wurzelstock bereitet eine Rosette aus gekerbten, herzförmigen Blättern in einem Grün, zu dem die blauen, duftenden Blüten eine wohltuende Harmonie bilden. Auch Ausläufer tragen zur Behauptung der zarten Blume in Frühjahrssturm und Kälte bei. Sie hängen in Fäden aus der Rosette, berühren den Boden und treiben neue Wurzeln, Blätter und Blüten.
Drogen: Blätter — Folia Violae odoratae, Blüten — Flores Violae odoratae, Kraut — Herba Violae odo-

ratae, Wurzel — Radix Violae odoratae

Inhaltsstoffe: Die Blüten enthalten Salizylsäure, blauen Farbstoff und ätherisches Öl, die Wurzeln ein Alkaloid (Violin = Viola-Emitin), ferner in allen Teilen Zyamin, Eiweiß, Schleim, Zucker und Gummi.

Anwendung: Veilchentee (2—4 g der Drogen werden mit 1 Tasse kochenden Wassers überbrüht) ist ä u ß e r l i c h ein vorzügliches Gurgelmittel bei Halsentzündungen, Schluckbe-

schwerden und entzündlichen Veränderungen in der Mundhöhle.
I n n e r l i c h leistet der Tee gute Dienste bei Keuchhusten, Husten, Bronchialkatarrh und bei Verschleimung der Luftwege. Die leichte Abkochung von 2—4 g der Wurzel gilt als brecherregendes Mittel.

Wacholder
Juniperus communis

Volkstümliche Namen: Jochandel, Kaddig, Kranewitt, Machandelbaum, Queckholder, Räucherstrauch, Reckholder

Familie: Cupressaceae — Zypressengewächse

Vorkommen: Wacholder wächst in ganz Europa auf sandigen Heiden, unfruchtbaren Hügeln und Mooren und als Unterholz in lichten Nadelwäldern.

Beschreibung: Dunkel steht der zypressenähnliche, hohe Strauch, in Sagen und Märchen viel besungen, mit seinen anliegenden Ästen, unter denen er die rötliche Rinde des Holzes verbirgt, auf kargem Boden. Charakteristisch für den Strauch sind die dornartigen, graugrünen Nadeln, die zu dritt um den Ast Quirle bilden, und seine Zweihäusigkeit. Die kleinen weiblichen Blütenstände tragen mehrere Schuppenblätter und am oberen Ende drei Fruchtblätter, die nach der Befruchtung fleischig miteinander verwachsen und die drei Samen umschließen. So entsteht die Wacholderbeere, deren drei Höcker am Scheitel der Früchte noch die Fruchtblätter erkennen lassen. Im ersten Jahr bleiben die Beeren grün, erst im zweiten Jahr reifen sie zu den schwarzen, blaubereiften Zapfenbeeren aus.

Drogen: Beeren oder Früchte — Fructus Juniperi, Holz — Lignum Juniperi, Saft — Succus Juniperi, Öl — Oleum Juniperi

Inhaltsstoffe: 0,2—2,6 % ätherisches

Öl, das hauptsächlich aus Terpenen besteht, Bitterstoff (Juniperin), Gerbstoff, Harz, Kalzium, Kalium, essigsaures Mangan, Zucker
Anwendung: Die Wacholderbeere ist ein altbekanntes und von jeher nie länger als sechs Wochen hintereinander nehmen. Nierenkranken darf man Wacholder überhaupt nicht geben. Eine längere Kur führt zu Nierenreizungen.
In neuester Zeit hat man die beson-

geschätztes Heilmittel. Es diente als harntreibendes Mittel schon immer gegen Wassersucht, chronischen Blasenkatarrh, Grieß- und Steinleiden. Bei Einnahme von Wacholderdrogen gilt folgende Regel: Auch Nierengesunde dürfen Wacholder dere Wirkung des Wacholders auf den gesamten Stoffwechsel erkannt. Die moderne Medizin empfiehlt ihn deshalb ausdrücklich bei chronischen Formen von Gelenkrheuma (Arthrosis deformans). Es handelt sich hierbei um Stoffwechselstörungen in den Gelenken und deren Umgebung. Als kurmäßige Anwendung wird Wacholdersaft empfohlen, den man dreimal täglich mit Wasser oder Sauermilch verdünnt sechs Wochen lang trinkt. Ein altes Mittel ist die dreißigtägige Einnahme von getrockneten Wacholderbeeren. Am ersten Tag kaut man eine Beere, am zweiten zwei, bis man am fünfzehnten Tag fünfzehn am Tag nimmt und dann wieder täglich um eine Beere zurückgeht. Wacholderbeertee bereitet man, indem man 1 Eßlöffel zermahlene Beeren in $\frac{1}{2}$ l Wasser kurz aufkocht und 10 Minuten ziehen läßt, ehe man durchseiht. Auch Appetitlosigkeit, Sodbrennen, Blähungen, Übelkeit im Magen, krankhafte Veränderungen der Magen- und Darmschleimhäute, Leberleiden, infektiöse Lungentuberkulose und krampfartige Schmerzen während der Menstruation gehören zum Anwendungsgebiet des Wacholders.

Waldmeister
Asperula odorata

Volkstümliche Namen: Gliedkraut, Maikraut, Maitrank, Meisterkraut, Sternleberkraut
Familie: Rubiaceae — Rötegewächse
Vorkommen: Vor allem in lichten Buchenwäldern, gelegentlich auch in Fichtenwäldern wächst in ganz Europa diese anmutige Pflanze.
Beschreibung: Zwischen den braunen, vorjährigen Blättern unter dem lichten Grün der Buchen gedeiht, gerade aufgerichtet, Blattquirl für

Blattquirl bildend und mit einer Trugdolde weißer Blütensternchen versehen, der Waldmeister. Sein Duft, der von einem Kumaringlykosid herrührt, entfaltet sich erst beim Welken zur Vollkommenheit.
Drogen: Blühendes Kraut — Herba Asperulae oder Herba Matrisilvae
Inhaltsstoffe: Kumarin, Gerbstoff, Bitterstoff, Zitronen- und Katechussäure

Anwendung: Waldmeistertee (2—4 g werden mit 1 Tasse kochenden Wassers überbrüht) wirkt anregend auf den Stoffwechsel und mäßig harntreibend. Bei Nieren- und Blasenleiden, besonders Stauungen in diesem Gebiet und Grieß- und Steinleiden, bei Wassersucht, Leberstauungen, Rückstauungen in der Galle und nicht zuletzt bei Schlaflosigkeit ist Waldmeister ein bewährtes Mittel.

Walnuß
Juglans regia

Volkstümliche Namen: Christnuß, Krickelnuß, Meisennuß, Steinnuß, Wallische Nuß, Welsche Nuß
Familie: Juglandaceae — Walnußgewächse

Vorkommen: Die Heimat des Walnußbaumes ist der Orient, von wo er über Griechenland und Rom über ganz Europa verbreitet wurde, soweit es das Klima zuließ. Bei uns wächst er in Parkanlagen, auf Bauernhöfen und in Gärten.
Beschreibung: Durch Jahrhunderte ist uns dieser stattliche Baum mit den glatten, unpaarig gefiederten Blättern, den langen, dicken Kätzchen und kleinen weiblichen Stempelblüten, die zu zweien und dreien an den Spitzen der Zweige sitzen, ein guter Freund geworden, wie er da mit seiner breiten Krone im Garten oder auf dem Dorfplatz Schatten spendet. Aus den Stempelblüten entwickeln sich die beliebten Nüsse, die fast runden Steinfrüchte in grüner, später schwärzlichbrauner, fleischiger Hülle. Wenn sie reif sind, herrscht reges Treiben zwischen den Ästen des Walnußbaumes. Die Krähen sitzen des Morgens in aller Frühe im Wipfel und brechen flügelschlagend und lärmend die Nüsse auf. Dann kommt das Eichhörnchen und schwingt eilig von Ast zu Ast. Es knabbert, die Nuß putzig zwischen den Pfötchen haltend, eine nach der anderen. Dann läuft es mit einer einzelnen den Stamm hinunter und verscharrt den kostbaren Wintervorrat in der Erde.
Und doch wird der Walnußbaum immer ein Fremdling bei uns bleiben. Er hat sich zwar weitgehend unserem Klima angepaßt, aber die Nachtfröste im Mai verderben leicht Blätter und Blüten.
Drogen: Walnußblätter — Folia Juglandis, Schale — Cortex Nucum Juglandis, Öl — Oleum Juglandis
Inhaltsstoffe: Die Blätter enthalten Nuzitannin, Juglon, Inosit, Spuren ätherischen Öls, Kalziumoxalat. In der Schale finden wir Gerbsäure (Nuzitannin), Hydrojuglon, Spuren von Zitronen- und Apfelsäure. In der reifen Schale ist keine Gerbsäure vorhanden. Die reifen Kerne sind reich an Eiweiß, Fettstoffen und ungesättigten Fettsäuren.
Anwendung: Walnußblättertee (2 bis 3 g der Droge werden mit 1 Tasse kochenden Wassers überbrüht) ist

als wichtiges Heilmittel bei Skrofulose, Durchfall, Magen- und Darmverschleimung, Diabetes und zur Blutreinigung zu empfehlen. Der Genuß von reifen Walnußkernen hat blutreinigende Wirkung und fördert durch den Gehalt an ungesättigten Fettsäuren die Zellatmung. Die Römer aßen die Walnüsse bei Vergiftungen, und diese Therapie war auch noch im Mittelalter bekannt. Das den Nüssen entzogene Öl ist ein wertvolles Speiseöl und soll bei Wurmleiden, besonders bei Bandwurmbefall, wirksam sein.

Wegwarte
Cichorium intybus

Volkstümliche Namen: Blauer Sonnenwirbel, Feldzichorie, Hans am Wege, Hindlauf, Sonnenwende, Verzauberte Jungfer, Wasserwart, Wegleuchte, Zichorie
Familie: Compositae — Korbblütler
Vorkommen: Wege, Ackerränder, Ödland und magere Wiesen mit trockenem Boden sind in Europa und der gemäßigten Zone Asiens die Plätze, auf denen man die Wegwarte findet. Im 19. Jahrhundert wurde die Wegwarte kultiviert und daraus die Zichorienwurzel als Kaffeezusatz oder -ersatz gezogen.
Beschreibung: Tief in den Boden hinein reicht die starke, milchsafthaltige Wurzel der Wegwarte, kräftig entfaltet sich eine Blattrosette, sehr ähnlich der des Löwenzahnes, nur derber die Blätter. Der verzweigte Stengel mit wenigen kleinen Blättern widersteht mit seiner

Zähigkeit leicht, will man ihn brechen, denn dazu verführt er mit seinen klarblauen Blüten, die nach Osten gewendet mit der Sonne aufgehen und schon am Nachmittag welken und bleichen. Am nächsten Morgen entfalten sich neue Blütenkörbe, nur Zungenblüten. Die Röhrenblüten fehlen ganz. Den ganzen Sommer hindurch entfaltet sich ein unerschöpflicher Reichtum. Der Sage nach ist die Wegwarte eine verzauberte Jungfrau, die auf ihren Geliebten wartet, der ins Heilige Land gezogen war und der aus dem Osten wiederkommen soll.
Drogen: Wurzel — Radix Cichorii, Blätter und Blüten — Folia cum Flores Cichorii
Inhaltsstoffe: Im Milchsaft sind Bitterstoffe (Cichoriin und Intybin), Fette, Mannit und Kautschuk vorhanden. Die Wurzel enthält viel Inulin. Die Analyse der Blüte ergab ein Glykosid Cichoriin, ein Glykodioxycumarin. Die Asche der Wegwarte enthält Kaliumoxyd, Kieselsäure, Magnesiumoxyd, Natriumoxyd und etwas Eisenoxyd.
Anwendung: Für heilerische Zwecke ist nur die wilde Zichorie geeignet. Für den äußerlichen Gebrauch bereitet man einen Absud (2—4 g der Wurzel werden mit einer Tasse Wasser 3 Minuten gekocht), den man für Umschläge bei Augenentzündungen verwendet.
Innerlich wirkt der Tee von Blüten und Blättern (2—4 g werden mit 1 Tasse kochenden Wassers überbrüht) auf Leber und Galle ein. Dieses wichtige Leberheilmittel sorgt für Gallenfluß, hilft bei Ikterus, Gal-

lensteinen, Verschleimung der Verdauungsorgane, Magenschwäche, Appetitlosigkeit und Leberstauungen. Auch die Blutbildung wird angeregt, ebenfalls Knochen-, Muskel- und Nervensubstanzbildung.

Weide
Salix alba

Volkstümliche Namen: Bachweide, Felbe, Fieberweide, Gallapfelweide, Gerberweide, Hartrinde, Korbweide, Silberweide, Weiße Weide
Familie: Salicaceae – Weidengewächse
Vorkommen: In Europa finden wir die Weide fast überall auf feuchten Wiesen, an Teich-, Fluß- und Bachufern.
Beschreibung: Am Ufer steht der stattliche Baum mit den kurzgestielten, lanzettlichen Blättern, die lang und spitz, klein gesägt und meist auf beiden Seiten silbrig behaart sind. Hier ist er einmal nicht verstümmelt wie so oft. Die Weide gehört zu den wenige Pflanzen, zum Beispiel der Wacholder und die Brennnessel, zu den zweihäusigen, das heißt, daß weibliche und männliche Blüten auf verschiedenen Bäumen sind.
Drogen: Rinde – Cortex Salicis, Blätter – Folia Salicis
Inhaltsstoffe: ein Glykosid (Salicin), reichlich Gerbstoff und verschiedene Salze.
Anwendung: Bei dieser Heilpflanze ist das Salicin der eigentliche Träger der heilenden Wirkung. Weidenrinde wirkt schmerzstillend, schweiß-

und harntreibend. Bei fieberhaften Erkrankungen mit und ohne Schmerzen, wie akutem und chronischem Gelenkrheumatismus, fieberhafter Bronchitis und akuten Gichtanfällen,

a) Zweig mit Staubblüten
b) Zweig mit Stempelblüten

ist der Tee angebracht. Harnsäureüberschuß, Nierenblutungen, Blasen-, Magen- und Darmkatarrh werden vom Weidenrindentee (10 g der Rinde werden mit 1 Tasse Wasser kurz aufgekocht) günstig beeinflußt. Die Blätter der Weide werden seltener und dann als Aufguß verwandt.

Weißdorn
Crataegus oxyacantha

Volkstümliche Namen: Hagedorn, Heckendorn, Mehlbeeren, Mehlbeerdorn, Mehlbeerstaude

Familie: Rosaceae — Rosengewächse
Vorkommen: Der Weißdorn liebt die
Gegenden, in denen es ausgegli-
chen mäßig warm ist. Wir finden ihn
in Europa da, wo der Boden Lehm
enthält und ein wenig Feuchte.

a) Blüte
b) Frucht

Beschreibung: Über und über mit
blühenden Schirmtrauben bedeckt,
freundlicher als die Schlehe wir-
kend, denn die weißen Blütensträuß-
chen werden von dreilappigen, grünen Blättern mit ungleich gesägtem
Rand umrahmt, so erfreut uns dieser
Strauch und Baum an Waldrändern
und Hecken. Im Herbst schmückt
er sich nochmals, und zwar mit leuchtend roten Früchten, die unter dün-
ner Schale und mehligem Frucht-
fleisch zwei bis drei Steinfrüchtchen
mit je einem Samen bergen.

Drogen: Blüten — Flores Crataegi,
Blätter — Folia Crataegi, Frucht —
Fructus Crataegi
Inhaltsstoffe: Flavone (Quercitrin
und Quercetin), ätherisches Öl, Ur-
sol- und Oleanolsäure. Die frischen
Blüten enthalten Trimetylamin, die
Rinde etwas Aesculin und die Früchte viel Pektin sowie Crataegus-
säure, Gerbstoff und Zucker.
Anwendung: Weißdorn senkt den
Blutdruck, belebt und durchblutet
das Herz und wirkt auf das Herz
krampflösend. In der Regel gebraucht man die zahlreichen Weiß-
dornpräparate. Den Tee bereitet
man aus Blüten oder Früchten (1
Teelöffel voll wird mit 1 Tasse kochenden Wassers überbrüht).

Wermut
Artemisia absinthium

Volkstümliche Namen: Absinth, Bit-
terals, Grabekraut, Hilligbitter, Magenkraut, Wermet, Würmet, Wie-
genkraut
Familie: Compositae — Korbblütler
Vorkommen: Die Ägypter kannten
Wermut schon und verwendeten ihn
als Heilpflanze, aber auch im Kultus.
Auch die Griechen und Römer hielten es so, und bei uns ist er ebenso
bekannt gewesen. Ein altes Heil-
kräuterbuch besagt: »Wermuth ist
ein übertrefflich Kraut, bey den Alten gehalten, in Gottesdiensten und
Triumphen herrlich gebraucht.« Seine Heimat sind die warmen Mittel-
meerländer, aber heute ist er über
ganz Eurasien wild auf stickstoff-

reichen, steinigen und dabei lockeren Böden verbreitet.

Beschreibung: Der ausdauernde Wurzelstock dieses stattlichen Halbstrauches treibt viele Sprosse mit silbrig-grünen, reich gefiederten

Blättern, die im Hochsommer an aufrechten Rispen locker gelbe Blütenkörbchen tragen.

Drogen: Kraut — Herba Absinthii

Inhaltsstoffe: Ätherisches Öl (darin enthalten: Thujon, Thujol, Pinen, Azulen und Phellandren), Bitterstoff, Glykoside (Absinthin und Anabsinthin), Gerbstoffe, Harz, Vitamine (C und B_6) und in der Asche salpetersaure Salze und Kieselsäure.

Anwendung: Das Anwendungsgebiet des Wermuts ist vor allem der Verdauungstrakt. Magendruck, Völlegefühl, Appetitlosigkeit, Sodbrennen, zu viel oder zu wenig Magensäure,

Gasbildung in Magen und Darm, Stauungen im Leber- und Gallenbereich werden beseitigt. Ein Dauergebrauch von Wermut ist jedoch nicht anzuraten, da das ätherische Öl giftig ist und zu Schädigungen führen kann. Der regelmäßige Genuß von Absinth, dem ätherisches Wermutöl zugesetzt ist, wirkt schädigend auf die Fortpflanzungsorgane.

Wiesenknopf, großer
Sanguisorba officinalis

Volkstümliche Namen: Oft wird der große Wiesenknopf fälschlich Bibernelle genannt.

Familie: Rosaceae — Rosengewächse

Vorkommen: Diese Heilpflanze finden wir auf etwas feuchten Wiesen in Mitteleuropa bis hinauf nach Norwegen.

Beschreibung: Aus einem kraftvollen Wurzelstock wächst eine Rosette einfach gefiederter, unpaariger Blätter, aus deren Mitte ein kahler, langer Stengel treibt. Gehen wir durch die Wiesen, fallen uns besonders die über das Gras hinausragenden, braunen Blütenköpfchen auf. Nicht verwechseln darf man den großen Wiesenknopf mit seinem Doppelgänger auf trockenen Wiesen und Abhängen, der wiesenknopfähnlichen Becherblume (Sanguisorba minor), die sich vom Wiesenknopf dadurch unterscheidet, daß ihre Blütenköpfe zwar einen von den herausragenden Narben herrührenden rötlichen Schimmer besitzen, im übrigen aber grün und nicht rotbraun sind. Die Sanguisorba minor nennt man auch Italienische Bibernelle, weil sie wegen des gurkenähnlichen

Geschmackes in Italien zur Verbesserung des Aromas dem Wein zugesetzt wurde. Bei uns zieht man sie als Soßen- und Suppengewürz in Gärten. Wegen des fälschlichen Namens Bibernelle darf man sie nicht mit der Umbellifere, Bibernelle, verwechseln, mit der sie keine Ähnlichkeit besitzt.

Drogen: Herba Sanguisorbae

Inhaltsstoffe: Reich an Gerbstoff, Saponin

Anwendung: Diese Heilpflanze wird zur Stillung innerer Blutungen benutzt. Lungenbluten, Magen- und Darmbluten, Myom- und Hämorrhoidenblutungen sind ihre Anwendungsmöglichkeiten.

Wiesensalbei
Salvia pratensis

Familie: Labiatae — Lippenblütler
Von den etwa 500 Arten, die es bei den Salbeigewächsen gibt, seien hier nur einige erwähnt, die wir nicht im Mittelmeergebiet oder im feldmäßigen Anbau suchen müssen wie die Salvia officinalis, sondern auf unseren süddeutschen und auf österreichischen Wiesen überall finden können. Wiesensalbei kennzeichnet sich durch Meterhöhe und 4—6 dunkelviolette bis dunkelblaue Blüten in jedem Quirl. Quirlsalbei

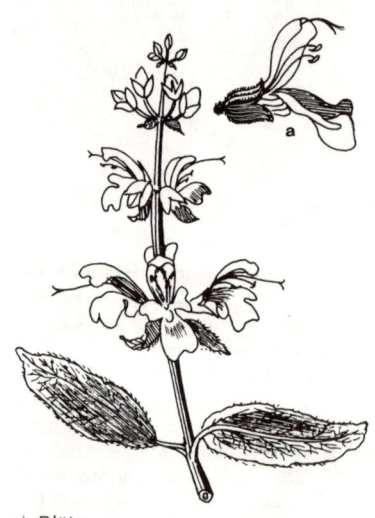

a) Blüte

(Salvia verticilata) hat auffällige hellviolette Quirle mit je 20—30 Blüten, ist aber nur 45—60 cm hoch. Wir dürfen diese Pflanze nicht mit den gemeinen Wirbeldosten (Chinopodium vulgare) verwechseln, die ihnen an Höhe gleichkommen und helle, purpurrote Blüten aufweisen. An den schwefelgelben bis bräunlichen Blüten erkennt man die klebrige Salbei (Salvia glutinosa). Ihr Stengel erreicht eine Höhe von 1,20 m.

Nur die Salvia officinalis wird als Heilpflanze verwendet. (Siehe S. 72)

Winde

Convolvulus arvensis (Acker-)
Convolvulus sepium (Zaun-)

Volkstümliche Namen: Ackerranke, Ackerwinde, Feldwindling, Teufelsdarm, Zaunwinde

Familie: Convolvulaceae — Windengewächs

Vorkommen: In ganz Mitteleuropa begegnet uns an Wegrändern, Zäunen, im Getreidefeld, an Hecken und Ufern die Winde.

Beschreibung: Ihrem Namen treu, windet sich dieses Gewächs in engen Spiralen an Getreidehalmen, Zäunen, Sträuchern und Bäumen hoch und verschönt mit ihren weißen bis schwach rosa Trichterblüten, die als Knospe und nach dem Verblühen spiralig eingerollt sind, so manchen Schutthaufen oder rostigen Gitterzaun. Die Rosafärbung zeugt von einem gewissen Eisengehalt des Bodens, aber auch in diesem Fall ziehen sich fünf schneeweiße Streifen vom gelblichen Blütengrund zum Rand. Bei schlechtem Wetter schließt die Blüte ihren Kelch, die bei Sonnenschein mit ihrem zarten Wohlgeruch die Insekten zum

orangefarbenen Fruchtknoten am Grund lockt, der von fünf Staubgefäßen so bewacht ist, daß die Eindringlinge den Blütenstaub mitnehmen müssen, wollen sie zu dem süßen Nektar.

Drogen: Kraut — Herba Convolvuli, Wurzel und Kraut — Herba et Radix Convolvuli

Inhaltsstoffe: Harz und das Glykosid Jalapin

Anwendung: Die Winde ist früher ein beliebtes Abführmittel gewesen. Der Tee (2—4 g des Krautes mit Blüten werden mit 1 Tasse kochenden Wassers überbrüht, oder das

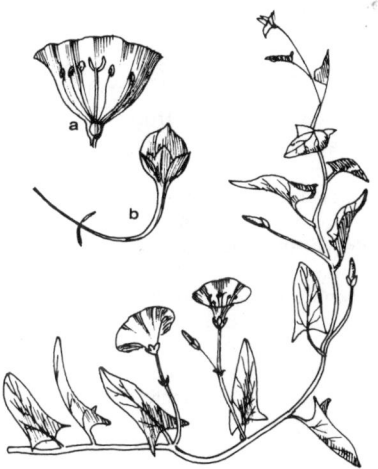

a) Durchschnitt einer Blüte
b) Frucht

Kraut mit der Wurzel wird mit 1 Tasse Wasser kurz aufgekocht) ist abführend und galletreibend, ohne die starke Reizwirkung auf den

Darm zu haben, wie die exotischen Convolvulusarten (Jalapa Scammonium) oder Sennesblätter (Folia Sennae), deren Anwendung bei entzündeter Darmschleimhaut, Darmkatarrh und Schleimabgang nicht unbedenklich ist und auch schon bei empfindlichem Darm zu Dickdarmbeschwerden führen kann.

Wurmfarn

Aspidium filix mas (Dryopteris filix mas)

Volkstümliche Namen: Otternkraut, Schluchtenfarn, Teufelsklaue, Waldfarn
Familie: Polypodiaceae — Farngewächse
Vorkommen: In schattigen Wäldern, an steinigen Bachufern, in Schluchten und an steinigen Hängen wächst fast überall auf der nördlichen Erdhälfte dieses Farngewächs.
Beschreibung: Der außen braune, innen grünliche Wurzelstock ragt etwas aus dem Boden heraus, umgeben von abgestorbenen Wurzelfasern und Blattstengelresten als filzige Hülle. Über ihm entfaltet sich ein prächtiges Büschel gefiederter Blätter, die zuerst noch aufgerollt unter Laubblättern versteckt sind und sich im Frühling entrollen. Auf der Unterseite der Blätter sitzen nierenförmige Häutchen, die Sporen (Sporangien). Bei trockenem Wetter spielt der Wind den Sämann und öffnet auch die Sporenkapseln.
Drogen: Wurzelstock — Rhizoma Filicis

Inhaltsstoffe: 5% Filmaron, Filixsäure (Filixin), Gerbstoff, Stärke, Zucker und fettes Öl.
Anwendung: Die wirksamen Bestandteile dieser Pflanze sind das Filmaron und die Filixsäure, von denen durch eingehende Untersuchungen festgestellt wurde, daß sie lähmend auf die glatte Muskulatur von Würmern, besonders von Bandwürmern und auf die des Hakenwurmes wirken. Bei längerer Einwirkung vermögen sie diese Wurmarten sogar zu töten. Die Verwendungsmöglichkeit dieser Pflanze für den Menschen beruht darauf, daß

a) Fiederteil mit Fruchthäufchen

die wirksamen Bestandteile nur langsam durch die Darmwände aufgenommen und auf die Würmer in einer Konzentration wirken, die noch nicht zu Vergiftungserscheinungen beim Menschen führt. Bleibt Wurmfarn jedoch länger im Darm, wird er vom Organismus aufgenommen, wodurch Leberschädigungen auftreten können. Höhere Dosierungen führen zu Lähmungen der Nerven und Muskeln und als Folgeerscheinung zum Tod. Auch Erblinden ist beobachtet worden. Man sollte deshalb nach Einnahme von Wurmfarn, den es in Gelatinekapseln in Apotheken zu kaufen gibt, ein Abführmittel nehmen, um die vollständige Entleerung des Darmes zu erreichen. Solche Kuren dürfen nur nach Befragen eines Arztes durchgeführt werden (siehe Kürbiskerne).

Alphabetisches Verzeichnis und Sammelkalender

Deutscher Pflanzenname	Lateinischer Name	Was man sammelt	Blütezeit (Monat)	Sammelzeit (Monat)
Ackerschachtelhalm, Zinnkraut	Equisetum arvense	Kraut	4.+ 5.	5.— 7.
Akelei	Aquilegia vulgaris	Kraut Samen	den ganzen Sommer	6.— 8.
Alant	Inula Helenium	Wurzel	7.+ 8.	3.+ 4.
Angelika	Archangelica officinalis	Blätter Wurzeln Samen	7.+ 8.	6.+ 7. 9.+10. 10.+11.
Anis	Pimpinella anisum	Frucht	5.+ 6.	7.— 9.
Apfelbaum	Pirus malus	Früchte	4.+ 5.	7.—11.
Arnika	Arnica montana	Blüten Wurzeln Kraut	6.— 8.	6.— 8. 3. od. 10. 5.
Artischocke	Cynara scolymus	Blüte Blätter Wurzel	Blütezeit unbestimmt	kurz vor dem Erblühen
Augentrost	Euphrasia officinalis	Kraut	6.— 9.	6.— 9.
Baldrian	Valeriana officinalis	Wurzel	6.— 8.	9.—10.
Bärentraube	Arbutus uva ursi Arctostaphylos uva ursi	Blätter	3.+ 4.	4.— 7.
Bärlapp	Lycopodium clavatum	Samen Kraut	7.— 9.	7.— 9.
Basilikum	Ocimum basilicum	Kraut	Blütezeit unbestimmt	während der Blütezeit
Beifuß	Artemisia vulgaris	Kraut Wurzel	7.+ 8.	7.+ 8. 9.+10.
Beinwell, Wallwurz	Symphytum officinale	Wurzel	5.— 9.	4.+ 5.
Benediktenkraut	Cnicus benedictus	Kraut	7.+ 8.	7.+ 8.

Deutscher Pflanzenname	Lateinischer Name	Was man sammelt	Blütezeit (Monat)	Sammelzeit (Monat)
Bibernelle	Pimpinella saxifraga	Wurzel	6.—10.	3.+ 4. 9.+10.
Birke	Betula alba	Blätter Knospen Rinde + Holz	3.+ 4.	4.+ 5. 3.+ 4. beim Schlagen
Bitterklee	Menyanthes trifoliata	Blätter	5.— 7.	5.— 7.
Bohnen	Phaseolus vulgaris	Schalen	6.— 8.	7.— 9.
Bohnenkraut	Satureja hortensis	Blühendes Kraut	6.— 8.	6.— 8.
Boretsch	Borago officinalis	Blätter Blüten	6.+ 7.	6.— 8.
Breitwegerich	Plantago major	Blätter	5.—10.	5.— 7.
Brennessel	Urtica	Blätter Kraut Wurzel Samen	5.—10.	6.— 9.
Brombeere	Rubus fruticosus	Blätter Früchte	3.— 9.	4.—10. 10.+11.
Brunnenkresse	Nasturtium officinale	Kraut	5.— 9.	5.— 9.
Dill	Anethum graveolens	Früchte	5.— 7.	Nach der Reife
Eberesche	Sorbus aucuparia	Früchte	5.+ 6.	9.—11.
Edelweiß	Leontopodium alpinum	Blühendes Kraut	6.+ 7.	6.+ 7.
Ehrenpreis	Veronica officinalis	Kraut	6.—10.	7.+ 8.
Eibisch	Althaea officinalis	Blüten Blätter Wurzeln	6.— 8.	6.— 8. Wurz. 3.
Eiche	Quercus petraea	Rinde Eicheln	4.+ 5.	4. 9.+10.
Einbeere	Paris quadrifolia	Kraut Wurzel Frucht	5.	5.
Eisenhut	Aconitum napellus	Wurzeln	6.— 9.	10.
Eisenkraut	Verbena officinalis	Blühendes Kraut	7.— 9.	6.— 7.
Engelsüß, Tüpfelfarn	Polypodium vulgare	Wurzeln	ohne Bedeutung	4.+ 5. 9.+10.

Alphabetisches Verzeichnis und Sammelkalender

Deutscher Pflanzenname	Lateinischer Name	Was man sammelt	Blütezeit (Monat)	Sammelzeit (Monat)
Enzian, gelber	Gentiana lutea	Wurzeln	7.+ 8.	4.— 9.
Erdbeere	Fragaria vesca	Kraut	5.— 7.	5.— 7.
Esche	Fraxinus excelsior	Blätter Rinde	4.+ 5.	5.— 7.
Färberginster	Genista tinctoria	Kraut mit Blüten	5.— 7.	5.— 7.
Färberröte	Rubia tinctorum	Wurzeln	6.— 8.	9.+10.
Faulbaum	Rhamnus frangula	Rinde	unwesentlich	Herbst oder 4.— 6.
Fenchel	Foeniculum vulgare	Samen Früchte Kraut Stroh	7.	zur Reifezeit
Fichte	Picea excelsa	Sprosse	Frühling	Frühling
Fingerhut, roter	Digitalis purpurea	Blätter	6.— 9.	7.— 9.
Frauenmantel	Alchemilla vulgaris	Kraut	5.— 8.	5.— 8.
Gamander	Teucrium scorodonia	Kraut	7.— 9.	6.— 8.
Gänseblümchen	Bellis perennis	Blüten	3.—11.	3.— 9.
Gänsefingerkraut	Potentilla anserina	Kraut Wurzeln	5.+ 8.	5.— 7.
Gartensalbei	Salvia officinalis	Blätter	5.+ 7.	5.+ 6.
Gartenthymian	Thymus vulgaris	Blühendes Kraut	5.+ 6.	5.+ 6.
Giftlattich	Lactuca virosa	Blühendes Kraut	5.— 8.	5.— 8.
Gundelrebe, Gundermann	Glechoma hederacea	Blühendes Kraut	3.— 8.	3.— 8.
Hauhechel	Ononis spinosa	Wurzeln	6.— 9.	3.+ 4. +10.
Heckenröschen, Hagebutte	Rosa canina	Früchte Samen	6.	9.+10.
Heidekraut	Calluna vulgaris	Blühendes Kraut	8.—10.	während der Blütezeit
Heidelbeere	Vaccinium myrtillus	Früchte Blätter	5.+ 6.	7. 8.+ 9.
Herbstzeitlose	Colchicum autumnale	Samen	10.+11.	Heuernte

Deutscher Pflanzenname	Lateinischer Name	Was man sammelt	Blütezeit (Monat)	Sammelzeit (Monat)
Himbeere	Rubus idaeus	Blätter Früchte	5.+ 6.	5.— 8. nach Reife
Hirtentäschel	Capsella bursa pastoris	Kraut	5.— 9.	4.— 9.
Hohlzahn	Galeopsis segetum	Blühendes Kraut	7.— 9.	7.+ 8.
Holunder	Sambucus nigra	Blüte Blätter Rinde Wurzeln Beeren	6.+ 7.	6.+ 7. 4.—10. 9.+10.
Honigklee	Melilotus officinalis	Blüten Blühendes Kraut	7.+ 8.	7.+ 8.
Hopfen	Humulus lupulus	Blüten	8.+ 9.	9.
Huflattich	Tussilago farfara	Blüten Blätter	3.+ 4.	7.+ 8.
Iris, Schwertlilie	Iris germanica	Wurzeln	5.+ 6.	3.+ 4. 9.+10.
Isländisches Moos	Cetraria islandica	Ganze Pflanze	4.—10.	4.—10.
Johanniskraut	Hypericum perforatum	Blühendes Kraut	7.+ 8.	7.+ 8.
Kalmus	Acorus calamus	Wurzeln	6.+ 7.	3.+ 4. 9.+10.
Kamille, echte	Matricaria chamomilla	Blüten	5.— 8.	5.— 8.
Klatschmohn	Papaver Rhoeas	Blüten Samenkapseln	5.+ 7.	8.— 9.
Klee	Trifolium pratense	Blüten	5.— 9.	5.— 9.
Klette	Arctium lappa	Wurzeln	7.+ 8.	4. 9.+10.
Kohl	Brassica oleracea	Blätter	je nach Pflanzungszeit	9.— 4.
Königskerze	Verbascum thapsiforme	Blüten	7.— 9.	7.— 9.
Kornblume	Centaurea cyanus	Blüten	6.+ 7.	6.+ 7.
Kreuzblume	Polygala amara	Blühendes Kraut	5.+ 6.	5.+ 6.
Kümmel	Carum carvi	Früchte	5.+ 6.	6.— 8. je nach Reife

Alphabetisches Verzeichnis und Sammelkalender

Deutscher Pflanzenname	Lateinischer Name	Was man sammelt	Blütezeit (Monat)	Sammelzeit (Monat)
Kürbis	Cucurbita pepo	Samen	6.— 8.	je nach Reife
Labkraut	Galium aparine	Kraut	6.—10.	6.—10.
Lavendel	Lavandula officinalis	Blüten	7.—10.	7.—10.
Leberblümchen	Hepatica nobilis	Kraut	3.+ 4.	4.+ 5.·
Lein, Flachs	Linum usitatissimum	Samen	6.+ 7.	9.
Leinkraut	Linaria vulgaris	Blühendes Kraut	6.— 9.	7.+ 8.
Linde	Tilia platyphyllos Tilia cordata	Blüten	6.— 7.	6.— 7.
Löffelkraut	Cochlearia officinalis	Kraut	5.+ 6.	5.+ 6.
Löwenzahn	Taraxacum officinale	Kraut Wurzeln	4.—10.	3.— 5. 3.+ 9.
Lungenkraut	Pulmonaria officinalis	Kraut	3.— 5.	3.— 6.
Mädesüß	Filipendula ulmaria	Blüten Wurzeln	6.— 8.	6.— 8. ganzjährig
Maiglöckchen	Convallaria majalis	Blüten mit Stengeln	im Frühling	je nach Blütezeit
Majoran	Origanum majorana	Kraut	7.+ 8.	7.+ 8.
Malve, wilde	Malva silvestris	Blüten Blätter	6.— 9.	6.— 9.
Meerrettich	Armoracia rusticana oder Cochlearia armoracia	Wurzel	5.— 7.	immer
Melisse	Melissa officinalis	Blätter	7.+ 8.	kurz nach der Blütezeit
Mistel	Viscum album	Kraut	3.+ 4.	3.+ 4.
Möhre, wilde	Daucus carota	Samen Wurzeln	6.—10.	Samen je nach Reife
Natternknöterich	Polygonum bistorta	Wurzeln	6.— 9.	5.— 6.
Nelkenwurz	Geum urbanum	Wurzeln	7.+ 8.	3.+ 4. 9.+10.
Ochsenzunge	Anchusa officinalis	Kraut	5.—10.	5.—10.
Odermennig	Agrimonia eupatoria	Kraut	6.— 8.	6.— 8.
Osterluzei	Aristolochia clematitis	Kraut Wurzel	je nach Lage	Frühling b. Herbst

Alphabetisches Verzeichnis und Sammelkalender

Deutscher Pflanzenname	Lateinischer Name	Was man sammelt	Blütezeit (Monat)	Sammelzeit (Monat)
Paprika	Capsicum annuum	Schoten	je nach Lage	unreif als Gemüse, reif als Gewürz
Petersilie	Petroselinum hortense	Wurzel		Sommer b. Herbst
		Kraut	6.+ 7.	vor der Blüte
		Früchte		nach Reife
Pfefferminze	Mentha piperita	Blätter	6.— 8.	5.— 8.
Preiselbeere	Vaccinium vitis idaea	Blätter	5.+ 6.	7.— 9.
Primel, Schlüsselblume	Primula officinalis	Blüten	3.— 5.	3.— 5.
Quendel	Thymus serpylum	Blühendes Kraut	6.— 8.	6.— 8.
Rainfarn	Tanacetum vulgare	Blätter	7.— 9.	6.+ 7.
Ringelblume	Calendula officinalis	Blüten	6.— 9.	6.— 9.
Rittersporn	Delphinum consolida	Blüten	5.— 9.	5.— 9.
Rosmarin	Rosmarinus officinalis	Blätter	5.+ 6.	6.— 8.
Roßkastanie	Aesculus hippocastanum	Blüte		5.+ 6.
		Früchte		nach Reife
		Rinde	5.+ 6.	3.+ 4.
Salomonssiegel	Polygonatum officinale	Wurzel	im Frühling	
Sanddorn	Hippophaë rhamnoides	Früchte		Spätherbst
Sanikel	Sanicula europaea	Kraut Wurzel	5.+ 6.	5.+ 6. Frühj. +Herbst
Sauerampfer	Rumex acetosa	Kraut Samen	5.— 8.	4.— 8.
Schafgarbe	Achillea millifolium	Kraut Blüten	6.— 9.	5.— 9.
Schlehe, Schwarzdorn	Prunus spinosa	Blüten Früchte	3.+ 4.	3.+ 4. 10.
Schierling	Cosinum maculatum	Kraut	7.— 8.	6.— 9.
Schöllkraut	Chelidonium majus	Ganze Pflanze	5.— 8.	4.+ 7.
Schwertlilie, Iris	Iris Germanica	Wurzeln	5.— 6.	3.+ 4. 9.+10.

Alphabetisches Verzeichnis und Sammelkalender

Deutscher Pflanzenname	Lateinischer Name	Was man sammelt	Blütezeit (Monat)	Sammelzeit (Monat)
Seidelbast	Daphne mezereum	Rinde	3.+ 4.	3.— 8.
Sellerie	Apium graveolens	Kraut		Frühj.— Herbst
		Wurzel	7.— 9.	Sommer +Herbst
		Samen		nach Reife
Sonnentau	Drosera rotundifolia	Kraut	7.+ 8.	6.+ 7.
Spitzwegerich	Plantago lanceolata	Blätter	5.— 9.	4.+ 6.
Steinsame	Lithospermum officinale	Samen	6.+ 7.	9.+10.
Stiefmütterchen violett gelb	Viola tricolor	Blühendes Kraut	5.— 9.	7.+ 8.
Taubnessel	Lamium album	Blüten	4.—10.	4.— 9.
Tausendgülden-kraut	Erythraea centaurium	Blühendes Kraut	6.— 9.	6.— 9.
Teufelsabbiß	Succisa pratensis	Wurzeln Kraut	7.—10.	4.+ 9., 10. 5.+ 6.
Tormentill	Potentilla tormentilla	Wurzeln Blätter	5.— 8.	5.— 8.
Veilchen	Viola odorata	Blüten Kraut	3.+ 4.	3.+ 4.
Wacholder	Juniperus communis	Beeren	4.+ 5.	10.—11.
Waldmeister	Asperula odorata	Blühendes Kraut	5.	5.
Walnuß	Juglans regia	Blätter	5.	6.
Wegwarte	Cichorium intybus	Wurzeln	7.+ 8.	7.+ 8.
Weide	Salix alba	Rinde Blätter	3.+ 4.	4.— 8.
Weißdorn	Crataegus oxyacantha	Blüten	5.+ 6.	5.+ 6.
Wermut	Artemisia absinthium	Kraut	6.— 9.	5.— 6.
Wiesenknopf, großer	Sanguisorba officinalis	Kraut	5.+ 6.	5.— 7.
Wiesensalbei	Salvia pratensis	Blätter	6.+ 7.	5.+ 6.
Winde	Convolvulus	Kraut	7.—10.	6.— 9.
Wurmfarn	Aspidium filix mas	Wurzeln	ohne Bedeutung	9.+10.

Namen- und Sachverzeichnis